ANSELM GRÜN

Das große Buch der Weihnachtszeit

Das Buch

Der Schweizer Therapeut C.G. Jung nennt das Kirchenjahr ein therapeutisches System. Es spricht mit seinen Festen die wesentlichen Themen der menschlichen Seele an und bringt uns mit dem Rhythmus unserer Seele in Berührung, damit wir jährlich weiter wachsen auf dem inneren Weg der Reifung, Heilung und Verwandlung. Das Kirchenjahr beginnt mit der Feier der Geburt Jesu, die uns daher ganz besonders berührt: Weihnachten – das Fest der Herzens und der Sinne, das Fest für Leib und Seele – neu und tiefer erleben, dazu lädt Anselm Grün ein: Emotion und tiefe Bedeutung wieder zusammenzuführen, den Sinn dieser Zeit wieder neu zu erschließen, den Kern anschaulich zu machen, das gelingt ihm mit seinen meditativen Texten. Von der Adventszeit bis zu Dreikönig.

»Für mich ist das Kirchenjahr schon von seinem inneren Rhythmus her etwas Heilendes. Ich freue mich jedes Jahr auf die Adventszeit und Weihnachtszeit. Jede Zeit des Kirchenjahres ist eine gute und heilige und heilende Zeit. Aber am intensivsten erlebe ich dennoch seit Kindertagen die Advents- und Weihnachtszeit. Da taucht wie in keiner anderen Zeit die Sehnsucht nach dem neuen Anfang, die Sehnsucht nach Heimat und Geborgenheit und die Sehnsucht nach einer Liebe auf, die unser Leben verzaubert und verwandelt.« (Anselm Grün)

Der Autor

Anselm Grün OSB, Dr. theol., geistlicher Berater, Kursleiter und Autor, ist Mönch der Abtei Münsterschwarzach.
Seine Bücher haben weltweit Millionenauflagen. Sein periodischer Monatsbrief »einfach leben« erreicht zahlreiche Leser (www.einfachlebenbrief.de).

ANSELM GRÜN

Das große Buch der Weihnachtszeit

Das schönste Fest des Jahres neu erleben

Herausgegeben von
Rudolf Walter

HERDER
FREIBURG · BASEL · WIEN

HERDER spektrum Band 6723

MIX
Papier aus verantwortungsvollen Quellen
FSC® C083411
www.fsc.org

Lizenz Verlag Herder

www.herder.de

Umschlaggestaltung: Verlag Herder
Umschlagmotiv: © Mauritius Images/Johnér
Satz und Vignetten: Designbüro Gestaltungssaal

Herstellung: CPI books GmbH, Leck

Printed in Germany

ISBN 978-3-451-06723-5

Inhalt

Weihnachten – Erfahrungen, Sehnsüchte, Erwartungen

Einführung

Mit Weihnachten verbindet jeder andere Erfahrungen, Gefühle, Sehnsüchte und Erwartungen. Für mich kann ich sagen, dass mich seit der frühen Kindheit die Adventszeit und die Weihnachtszeit immer tief berührt haben. Da war einmal etwas Geheimnisvolles, das ich mit dem frühen Aufstehen verband, um am Rorate-Amt teilzunehmen. Dann waren es die Lieder der Adventszeit, Lieder von großer Sehnsucht und voll freudiger Hoffnung, die mich auf Weihnachten vorbereiteten. Zu Hause duftete das Haus, wenn die Mutter Plätzchen für Weihnachten backte. Sie ließ uns immer wieder einmal vom süßen Teig kosten. Aber dann wurden die fertigen Plätzchen versteckt, an einem Ort, den niemals einer von uns sieben Kindern herausfand. Wir haben auch nicht danach gesucht. Er war einfach tabu.

Schließlich kam der Heilige Abend, an dem die Eltern das große Wohnzimmer weihnachtlich schmückten. Als ich etwa acht Jahre alt war, durfte ich erstmals selber mithelfen, den Schreibtisch, auf dem der Vater sonst seine Büroarbeiten erledigte, mit der Krippe zu schmücken. Wir holten dafür frisches Moos und Kieselsteine, um den Weg durch die gebirgige Landschaft möglichst realistisch zu gestalten. Und wir setzen die Krippenfiguren, die unsere Eltern von ihren eigenen Eltern geerbt hatten, an die richtigen Stellen. Dann wurde der Weihnachtsraum verschlossen. Und erst wenn ein Glöckchen erklang, durften wir Kinder in den Raum, in dem die Kerzen am Christbaum schon ein warmes Licht verbreiteten. Als Kinder schauten wir da schon einmal neugierig auf die Geschenke, die aber unter einem großen Tuch verhüllt waren. Zuerst aber las der Vater das Weihnachtsevangelium aus dem Lukasevangelium. Und die ganze Familie sang das Lied „Stille Nacht". Dann erst ging es zu den Geschenken. In der Weihnachtszeit setzten wir uns abends immer wieder mal um den Christbaum und sangen Weihnachtslieder. Meine Eltern brachten Lieder mit, die bei uns nicht im Gesangbuch standen, die sie von ihrer Heimat in der Eifel und von ihren Vorfahren übernommen hatten.

So verbinde ich mit Weihnachten gute Erfahrungen und Gefühle. Und immer wieder bricht etwas in mir von der Sehnsucht nach Heimat auf, wie ich sie damals erlebte: Wenn Gott selber unter uns geboren wird, dann wird unsere Welt heimatlicher. Unser Haus ist geschmückt, um auszudrücken, dass Gott selbst in unserer Familie wohnt und unser Miteinander verwandelt. Weihnachten herrscht immer eine friedliche Stimmung in unserem Haus. Nach der Bescherung feierten wir dann um Mitternacht die Christmette. Das war für uns Kinder sehr spät, aber wir setzten unseren Ehrgeiz hinein, daran teilzunehmen und gemeinsam in der Kirche diese geheimnisvolle Liturgie von Weihnachten zu feiern.

Viele Menschen können Weihnachten nicht mit solch positiven Erinnerungen und Erfahrungen verbinden. Sie denken mit Schrecken daran, dass die Eltern an Weihnachten immer genervt waren. Sie wollten Harmonie und Frieden verbreiten, waren aber selbst innerlich so zerrissen, dass es immer ein Chaos gab. Alte Konflikte brachen auf. Man rieb sich an Kleinigkeiten. Und dann wurde der Vorwurf laut: Du machst die ganze Weihnachtsstimmung kaputt. Andere Leute erzählen mir, dass sie nicht gerne Weihnachten feiern. Weihnachten war die einzige Zeit, in der die Familie Rituale pflegte. Aber die Rituale waren nicht stimmig. Sie haben etwas versprochen, was sie nicht halten konnten.

Immer mehr Menschen haben heute Angst vor Weihnachten. Sie erinnern sich einerseits wehmütig an die idyllischen Feste in der Kindheit. Doch jetzt ist die Familie zerbrochen. Es gibt keinen Weihnachtsfrieden. Sie fühlen sich allein gelassen an Weihnachten. Niemand will mit ihnen feiern. Die Erinnerungen an früher bewirken in ihnen eher eine depressive Stimmung. Sie spüren, dass sie nicht mehr an das glauben können, was sie feiern. Sie wollen eine heile Familie. Aber mit dem Verlust ihrer heilen Welt haben sie auch den tieferen Sinn des Weihnachtsfestes verloren.

Gerade auch für solche Menschen ist dieses Buch gedacht. Es soll ihnen erklären, was wir in der Adventszeit und an Weihnachten eigentlich feiern, was dieses Fest mit uns zu tun hat. Es geht nicht um nostalgische Gefühle, um ein Schwärmen von einer verlorenen Kindheit, sondern um eine ganz andere, eine ganz aktuelle Frage: „Wenn Gott Mensch geworden ist, wer bin ich dann? Was ist das Geheimnis meiner eigenen Menschwerdung?“

Die Mystiker sprechen von der Gottesgeburt im Menschen, die wir an Weihnachten feiern. Doch was hat das mit mir zu tun? Für mich heißt Gottesgeburt in meiner Seele, dass ich in Berührung komme mit dem ursprünglichen Bild, das Gott sich von mir gemacht hat. Diese Berührung befreit mich von all den Bildern, die andere mir übergestülpt haben mit ihren Erwartungen, mit denen sie mich festlegen wollen. Es ist aber auch eine befreiende Erfahrung in anderer Hinsicht: Sie befreit mich von meinen eigenen Bildern der Selbstentwertung oder der Selbstüberschätzung. Und da Gott als Kind geboren wird, ist das Fest die Verheißung, dass Gott mit mir einen neuen Anfang feiert. Das heißt: Ich bin nicht festgelegt durch die Vergangenheit. Das göttliche Kind, das in mir ist, ist die Verheißung, dass mein Leben neu wird, stimmig, authentisch, dass da etwas Neues in mir aufblüht.

Das ist der Kern des Festes. Wenn ich das verstanden habe, dann geht von alleine Frieden von mir aus, Hoffnung und Zuversicht. Dann muss ich nicht ständig auf eine heile Familie pochen und werde auch nicht andauernd von der Nicht-Erfüllung meiner Erwartung enttäuscht. Vielmehr erlebe ich in der Stille von Weihnachten in meinem Innern Frieden. Und dieser Friede wird auch auf die Menschen strömen, mit denen ich Weihnachten feiere. Dann kann immer wieder ein neues Miteinander entstehen. Wenn Gott in unserem Hause wohnt, dann wird unser Haus zur Heimat. Denn nur dort, wo das Geheimnis unter uns wohnt, können wir wahrhaft daheim sein.

Advent

Advent heißt:
Damit wir Gottes Kommen spüren,
müssen wir zuerst bei uns selbst ankommen.
Nur wenn wir wirklich bei uns selbst sind,
werden wir an Weihnachten das
Kommen Gottes in der Geburt Jesu Christi
als Erfüllung unserer Sehnsucht erfahren.

Das Licht der Kerze ist ein Symbol:
Eine einzige Kerze kann die Dunkelheit erhellen –
und Hoffnung geben, dass auch meine innere
Nacht sich erhellen wird.

Wenn wir in der Adventszeit immer wieder aufgerufen werden, uns dem Licht zu öffnen, dann ist damit nicht nur die Kerze gemeint, die wir anzünden, um die äußere Dunkelheit zu erhellen. Vielmehr geht es bei all den Aufforderungen letztlich darum, in uns selbst das eigene Licht zu schauen. Wir tragen in uns ein Licht, das immer scheint und das immer seine heilende Wirkung auf unseren Leib und unsere Seele entfaltet, wenn wir ihm Raum geben. Christus, das wahre Licht, ist in jedem von uns.

Evangelium

Im sechsten Monat wurde der Engel Gabriel von Gott in eine Sadt in Galiläa namens Nazaret zu einer Jungfrau gesandt, die mit einem Mann namens Josef aus dem Haus Davids verlobt war. Der Name der Jungfrau war Maria. Er trat bei ihr ein und sagte: Sei gegrüßt, du Begnadete, der Herr ist mit dir. Sie erschrak über das Wort und sann nach, was dieser Gruß bedeuten solle. Der Engel sagte zu ihr: Fürchte dich nicht, Maria; denn du hast bei Gott Gnade gefunden. Du wirst ein Kind empfangen, einen Sohn wirst du gebären; ihm sollst du den Namen Jesus geben. Er wird groß sein und Sohn des Höchsten genannt werden. Gott, der Herr, wird ihm den Thron seines Vaters David geben. Er wird herrschen über das Haus Jakob in Ewigkeit, und seine Herrschaft wird kein Ende haben. Maria sagte zu dem Engel: Wie soll dies geschehen, da ich keinen Mann erkenne? Der Engel antwortete ihr: Heiliger Geist wird über dich kommen und Kraft des Höchsten wird dich überschatten. Deshalb wird auch das Kind heilig und Sohn Gottes genannt werden. Auch Elisabet, deine Verwandte, hat noch einen Sohn empfangen in ihrem Alter und dies ist schon der sechste Monat für sie, die als unfruchtbar galt. Denn für Gott ist nichts unmöglich. Da sagte Maria: Ich bin die Magd des Herrn; mir geschehe nach deinem Wort. Dann verließ sie der Engel. (Lukas 1,26-38)

Das innere Licht: Der Verkündigungsengel

Die Künstler haben die zärtliche Begegnung in der Kammer Marias immer wieder ins Bild gebracht. Sie haben Maria oft lesend oder meditierend dargestellt, schon als junges Mädchen eine kontemplative Frau, die nach innen horcht. Maria ist die Frau, die in der Bibel liest, die das Wort Gottes in der Bibel meditiert. Sie lässt das Wort der Heiligen Schrift so tief in sich hineinsinken, dass es in ihr Fleisch annehmen kann. Die Meditation des Wortes Gottes ist die Voraussetzung, dass es in ihr zur Welt kommen kann.

Maria liest die Bibel nicht nur mit ihrem Verstand, sondern mit ihrem ganzen Leib. Sie lässt Gottes Wort so in ihren Leib fallen, dass es in ihr Fleisch annimmt und als Kind geboren wird. Sie lässt sich auf die Worte ein.

Das Wort »Gnade« meint auch Liebe und Zärtlichkeit. Es ist eine zärtliche Begegnung zwischen dem Engel und Maria. Der Engel verkündet dem Mädchen Maria die zärtliche Liebe Gottes. So deutet er ihr die Worte, die sie in der Bibel liest. Es sind zärtliche Worte, die ihr gelten, in denen Gott selbst bei ihr und mit ihr ist und ihr verheißt, dass Gott an ihr wirkt.

Und dann schildert Lukas, wie die Begegnung zwischen ihr und dem Engel gelingt. Es ist ein Bild für jede gelingende Begegnung. Der Engel nimmt ihr die Furcht. Und dann verheißt er ihr das Unerhörte: »Du wirst ein Kind empfangen, einen Sohn wirst du gebären; ihm sollst du den Namen Jesus geben« (Lukas 1,31). Und der Engel schildert ihr, wie ihr Sohn sein wird: groß, Sohn des Höchsten. Er wird über das Haus Jakob in Ewigkeit herrschen. Es sind Aussagen, die üblicherweise eine junge Frau wie Maria überfordern. Doch sie lässt sich ein, sie will verstehen, wie das alles gehen sollte, da sie doch keinen Mann »erkennt«.

Maria stellt Fragen an den Engel, nicht um ihn infrage zu stellen, sondern um ihn besser zu verstehen. Der Engel erklärt ihr geduldig, wie alles geschehen soll: »Heiliger Geist wird über dich kommen, und Kraft des Höchsten wird dich überschatten« (Lukas 1,35). Und er verweist auf das Beispiel ihrer Verwandten Elisabet, die schon im sechsten Monat schwanger ist. »Denn für Gott ist nichts unmöglich« (Lukas 1,37). Es ist unmöglich, dass das Wort Gottes nicht wirkt, dass es nicht das wirkt, was es aussagt.

Das Wort, das der Engel zu Maria gesagt hat, wird in Erfüllung gehen. Denn im Wort Gottes ist eine Kraft, eine dynamis, eine Dynamik, die nicht lockerlässt, bis das Wort seine Wirkung zeigt.

Auf diese Worte des Engels hin lässt sich Maria ein auf die Verheißung. Sie antwortet: »Siehe, ich bin die Magd des Herrn. Mir geschehe nach deinem Wort« (Lukas 1,38). »Magd« ist kein Wort der Selbsterniedrigung, sondern Ausdruck ihres Selbstvertrauens. Das Volk Israel wird beim Propheten Jesaja als »Knecht Gottes« beschrieben. Wo der Knecht versagt, ist Maria bereit, sich stellvertretend als »Magd Gottes« Gott zur Verfügung zu stellen.

In Maria wird in Erfüllung gehen, was Gott seinem Volk durch die Propheten verheißen hat. Sie lässt sich ein auf Gottes Wort, obwohl sie nicht voraussehen kann, was das alles für sie bedeuten wird.

Als der Engel ihr begegnet, weiß sie nicht, was der angekündigte Sohn ihr einmal an Leid bringen wird. Sie ist bereit, dem Wort des Engels zu trauen und den Weg zu gehen, den Gott ihr zutraut. Maria hört nicht nur auf das Wort Gottes, sie ist gehorsam. Sie stellt sich mit ihrem ganzen Sein Gott zur Verfügung. Sie ist ganz und gar offen, dass Gott an ihr und durch sie handelt. Lukas schildert die Erscheinung des Engels bei Maria als eine gelingende Begegnung. Der Engel ist das Gegenüber, mit dem Maria einen Dialog führt. Wenn wir aber Engel als einen inneren Impuls verstehen, dann erkennen wir, wie groß das Vertrauen Marias in diese leise Stimme in ihrem Innern war, in der der Engel zu ihr sprach. Sie hat keine Argumente gegen diese inneren Impulse gesetzt. Sie hat sich eingelassen auf das, was in ihrer Seele als Ahnung und zugleich als Anruf Gottes wahrnehmbar wurde.

Maria hat den Engel erkannt in den leisen Stimmen ihres Herzens. Und sie hat sich auf einen Dialog mit dem Engel eingelassen. Er hat sie ermutigt, sich Gott zu überlassen voll Vertrauen und im Glauben, dass sie sich stellvertretend für ihr Volk Gott zur Verfügung stellt.

Es gibt ein brühmtes Bild, das den Kern dieser Haltung erfasst: Der Verkündigungsengel, den Simone Martini im Jahr 1333 gemalt hat, ist voller Licht und Zärtlichkeit und zugleich voller Kraft. Seine Botschaft scheint er weniger mit dem Mund vorzutragen als mit den Augen. Er schaut mit seinen lichterfüllten Augen auf Maria und bringt sie in Berührung mit dem Licht, das auch in ihrer Seele leuchtet. Wir kennen solche Erfahrungen: Wenn uns ein Mensch mit seinen Augen anstrahlt, dann wird es auch in uns hell. Dann entdecken wir das Licht, das auch in unserer Seele leuchtet, das aber oft genug verdunkelt ist durch den Staub des Alltags, der sich darauf gelegt hat.

Wenn ein Engel des Lichts eintritt in die Kammer unseres Herzens, dann wird unser ganzer Leib Licht. Dann geschieht, was Jesus uns verheißen hat: »Wenn dein Leib ganz licht ist und nichts Finsteres in ihm ist, wird er so erleuchtet sein, wie wenn dich das Licht mit seinem Glanz erhellt« (Lukas 11,36). Maria hat sich vom Licht des Engels erleuchten lassen. So wird ihr Heiliges geboren. Wenn der Engel auch uns mit seinem Licht erfüllt, wird das, was in uns entsteht, heilig und heilend sein.

Es muss noch etwas anderes geben

Im Advent hören wir in den Texten der Liturgie wunderbare Verheißungen und starke prophetische Stimmen, die unser Herz öffnen wollen. „O Heiland reiß die Himmel auf!“ ist eines der schönsten Lieder, in denen sich eine tiefe Sehnsucht ausdrückt: Gott möge den Himmel aufreißen, der oft genug über uns verhangen ist und der uns verschlossen erscheint, damit unser Leben heller und heiler wird.

Viele Texte des Advents sprechen unsere Sehnsucht an, dass es noch etwas anderes geben müsse als die täglichen Probleme und Konflikte, all die Dunkelheiten, denen wir uns ausgesetzt fühlen. Es möge ein Leben geben, das von Gott geprägt ist, in dem das Licht der Verheißung wirklich wird. Nur schöne Verheißungen, alle Jahre wieder? Warum wird diese Welt nicht wirklich heiler und heller? Alles Vertröstung? Nein, gerade weil wir die Welt als so unvollkommen erfahren, brauchen wir den Blick in eine andere Welt, damit wir nicht verzweifeln. Und jetzt schon wird die Welt anders, wenn sich der Himmel über uns öffnet. In unsere Dunkelheit fällt ein Licht, in unsere Angst Vertrauen. Wenn Gott kommt, dann kommen wir zu uns selbst. Dann wird die Welt nicht einfach anders. Aber wir erleben sie auf neue Weise. Sie ist nicht mehr so bedrohlich. Mitten in der Welt fühlen wir uns von Seiner Nähe umgeben. Wenn der Himmel aufreißt, wird auch unser Herz aufgebrochen, damit es sich dem öffnet, der allein es zu beruhigen vermag.

Eine Geschichte der Bibel macht deutlich, wie adventliches Warten aussehen soll. Sie erzählt von einem Mann, der auf Reisen geht und sein Haus verlässt. Den Dienern überträgt er die Verantwortung für das Haus, und zwar jedem eine bestimmte Aufgabe. Dem Türhüter aber befiehlt er, wachsam zu sein. Im Markusevangelium (13,22-27) steht dieses Gleichnis. Jesus zeigt uns damit nicht nur etwas. Er fordert zugleich zwei Haltungen: Zum einen die Bereitschaft zu konkreter Verantwortung. Jeder hat einen anderen Auftrag. Jeder soll seine persönliche Lebensspur eingraben in diese Welt. Wir sind nicht einfach nur da, damit es uns gut geht. Wir tragen Verantwortung für diese Welt. Adventliches Warten ist keine Flucht. Es will uns vielmehr sensibel machen, dass jeder seine persönliche Verantwortung hat für den Bereich, den Gott ihm zugedacht hat. Dieses Warten meint: wachsam sein. Es heißt also, spüren: Was möchte ich mit meinem Leben tun? Was ist die Botschaft, die ich den Menschen um mich herum vermitteln möchte? Wozu fühle ich mich berufen? Dabei geht es nicht um große Dinge. Jeder hat seine Aufgabe. Aber diese Aufgabe ist wichtig, damit das Haus weiterhin gut verwaltet wird und damit ein gutes Miteinander möglich ist.

Dem Türhüter befiehlt Jesus, wachsam zu sein. Und er vergleicht unser Leben mit dem Dasein eines Türhüters. Der Hausherr will den Türhüter wach antreffen, wenn er kommt. Wir wissen nicht, wann der Herr kommt. Wir wissen nicht, wann der Tod nach uns greift. Im Tod pocht der Herr an unsere Tür, damit wir ihm aufmachen. Doch der Herr kommt nicht erst im Tod. Jeden Augenblick kann es sein, dass er an die Tür meines Herzens klopft, um bei mir einzutreten. Es sind oft leise Impulse, leicht zu überhören. Advent ist die Zeit, hinein zu horchen in die Stille, aufmerksam zu sein, was Christus mir sagen möchte. Vielleicht kommt er zu mir, um mir zu sagen, dass ich an mir vorbei lebe, dass mein Leben nicht stimmig ist. Vielleicht will er mir die Augen öffnen, damit ich die Wirklichkeit so sehe, wie sie tatsächlich ist. Dann werde ich auf offener und aufmerksamer werden für die Zeichen, in denen der offene Himmel sich ankündigt.

Zeit der Sehnsucht

Advent ist die Zeit der Sehnsucht. Die Lieder, der Adventskranz mit seinen vier Kerzen und der adventliche Schmuck und Duft bringen uns in Berührung mit einer tiefen Sehnsucht nach Geborgenheit und Heimat, nach einer anderen Welt, die einbricht in unsere kalte und hektische Welt. Diese Sehnsucht ist mehr als Nostalgie. Mag bei manchen auch die Erinnerung an früher hochkommen, aber die Sehnsucht ist ein Gefühl, das wir jetzt haben. Die Erinnerung an die Erfahrungen von Heimat, die wir früher in der Adventszeit erlebt haben, stellt uns vor die Frage, was uns jetzt trägt. Was war das, was uns damals berührt hat? War das nur Einbildung? War das nur romantische Schwärmerei? Wir ahnen tief in unserem Herzen, dass da etwas Zentrales in uns angerührt wird, die Sehnsucht nach Erfüllung, die Sehnsucht nach einer Welt voller Liebe und Zärtlichkeit. Es ist die Welt, die durch die Erwartung eines göttlichen Kindes geprägt ist, durch die Hoffnung, dass alles neu werden wird, wenn Gott selbst eintritt in unsere Welt, durch das Vertrauen, dass Gott in uns herrscht und alle inneren und äußeren Herren, die uns das Leben schwer machen, entmachtet.

Jahrelang hat man die Sehnsucht als romantisch abgelehnt. In den letzten Jahren ist das Thema wieder neu aufgebrochen. Ein Grund war sicher auch das Zunehmen der vielen Süchte, die wir beobachten können. Süchte sind immer verdrängte Sehnsucht. Wir suchen etwas, was wir hier nicht finden können. Aber wir meinen, wir könnten es uns selbst verschaffen durch Trinken oder Spielen oder

Arbeiten. Doch die Sehnsucht geht immer über diese Welt hinaus. Sie richtet sich zwar zunächst auf Menschen. Ich sehne mich danach, von diesem Menschen geliebt zu werden, vor vielen mit meinem Erfolg zu glänzen, von den andern anerkannt zu werden, wenn ich etwas leiste, wenn ich schön aussehe, wenn ich charmant bin. Doch letztlich kann uns kein Erfolg, kein noch so großer Besitz und auch keine noch so tiefe menschliche Liebe unsere Sehnsucht stillen. Sie geht letztlich auf etwas Transzendentes, das diese Welt übersteigt, nach etwas Absolutem, das die vielen Relativitäten unseres Lebens umgreift.

Die Sucht kann nur geheilt werden, wenn sie wieder in Sehnsucht verwandelt wird. Viele lehnen ihre Sucht ab. Und sie werten sich selbst ab, weil sie süchtig sind. Doch was ich in mir abwerte, das bleibt an mir hängen. Die abgelehnte Sucht erzeugt neue Sucht, um die Enttäuschung zu verbergen. Die Sehnsucht in der Sucht zu entdecken, ist viel behutsamer. Ich lehne meine Sucht nicht ab. Ich schaue sie mir an. Ich frage sie, welche Sehnsucht darin steckt. Was bezwecke ich mit meiner Sucht? Was möchte ich nicht anschauen in mir? Welche Enttäuschung möchte ich nicht akzeptieren und aushalten? Vielleicht zeigt mir das Trinken, dass ich mich nach einer guten Stimmung sehne, nach Freiheit von meinen Hemmungen, nach dem Gefühl, alles vergessen zu können, nichts leisten zu müssen, sondern einfach nur da zu sein. Und dann kann ich mich fragen, wie ich anders auf diese Sehnsucht antworten kann. Vielleicht gelingt es mir, wenn ich Musik höre, oder wenn ich einfach nur inne halte und in die Stille, in das Rauschen des Windes oder in den fallenden Regen hinein horche.

Die Sehnsucht ist die Spur, die Gott in unser Herz gegraben hat. Viele Menschen beklagen sich, dass Gott ihnen so ferne sei, sie spürten ihn nicht. In der Adventszeit kommen sie mit ihren früheren Erfahrungen von Geborgenheit und Heimat, von Gottes heilender Nähe und liebender Zuwendung, in Berührung. Aber das tut nur weh, weil sie als Kontrast ihre innere Leere spüren. Ich rate solchen Menschen immer: „Legen Sie Ihre Hand auf das Herz und spüren hinein, was da an Sehnsucht aufsteigt! Und dann stellen Sie sich vor, dass Ihre Sehnsucht die Spur ist, die Gott in Ihr Herz gelegt hat, um Sie an sich selbst zu erinnern, um Ihnen seine Nähe zu zeigen. Wenn Sie sich selbst und Ihre Sehnsucht spüren, dann spüren Sie auch Gott. Wer sich selbst nicht spürt, kann Gott nicht spüren."

Antoine de Saint Exupery sagte einmal: „In der Sehnsucht nach Liebe ist schon Liebe." So können wir folgern: In der Sehnsucht nach Gott ist schon Gott. In der Sehnsucht nach Geborgenheit ist schon Geborgenheit. Statt zu klagen, dass ich zu wenig Liebe erfahre, zu wenig Geborgenheit, zu wenig spirituelles Angerührtsein, nehme ich in mir die Sehnsucht danach wahr. Und in der Sehnsucht ist schon all das, wonach ich mich sehne. Manche jammern, dass ihre Liebe zu einem andern Menschen nicht erfüllt wird. Sie fühlen sich todunglücklich. Auch da ist es besser, statt sich in das Unerfülltsein zu verbeißen, einfach die Liebe zu spüren, die ich in meinem Verliebtsein wahrnehme. In mir ist schon Liebe. In der Sehnsucht nach dem andern spüre ich mich selbst und die Liebe, die in meinem Herzen ist.

Viele laufen vor ihrer Sehnsucht davon, weil sie meinen, ihre Sehnsucht erzeuge in ihnen nur Schmerz. Sie schauen nur nach dem, was sich nicht erfüllt. Doch die Sehnsucht hat eine eigene Qualität. Sie macht uns lebendig und weit. Ohne Sehnsucht verliert die menschliche Seele ihre Spannkraft. Sie wird wie abgestandenes Bier, das nach nichts mehr schmeckt. Wenn wir in der Sehnsucht uns selbst spüren mit dem in uns, was diese Welt übersteigt, dann verleiht uns das einen angenehmen Geschmack, den Geschmack von Geheimnis, letztlich den Gottesgeschmack, von dem man im Mittelalter meinte, es sei ein süßer Geschmack. Man sprach da von der dulcedo dei, von der Süßigkeit Gottes. In der Adventszeit und Weihnachtszeit essen wir nicht umsonst süße Plätzchen, um etwas von der Süßigkeit Gottes zu erahnen.

Advent feiern heißt, den Mut haben, mit unserer Sehnsucht in Berührung zu kommen, mit dieser inneren Kraft, die unser Herz weit macht. In dem berühmten Bild „Sternennacht über der Rhone", das Vincent van Gogh 1888 gemalt hat, wird etwas von dieser Weite deutlich: Der Glanz der Sterne weist über unseren Alltag hinaus. Die Sterne am Himmel werden zum Symbol für das göttliche Licht, das in die unsere Nacht strahlt und uns zeigt, dass wir Menschen der Erde und des Himmels sind. Im Advent erfahren wir es ganz intensiv: Sehnsucht öffnet unsere enge Welt in diesen Raum hinein. Sie hält den Horizont über uns offen.

Zeit des Wartens und Erwartens

Advent ist eine Zeit des Wartens und des Erwartens. Wer wartet, ist gespannt, er hofft, er ist auf ein Ziel hin ausgerichtet. Ziel des Wartens im Advent ist das Fest unserer Menschwerdung, der Selbstwerdung, unseres Einswerdens mit Gott. Aber nicht nur wir warten, Gott wartet auch auf uns. Er erwartet und wartet, bis wir uns für das Leben und für die Liebe öffnen.

„Warten" meint eigentlich: auf der „Warte" wohnen. „Warte" ist der Ort der Ausschau, der Wachtturm. Warten heißt also: Ausschau halten, ob jemand kommt. Umherschauen, was alles auf uns zukommt. Warten kann aber auch heißen: auf etwas Acht haben, etwas pflegen, so wie der „Wärter" auf einen Menschen aufpasst und auf ihn acht gibt.

Warten bewirkt beides in uns: die Weite des Blickes und die Achtsamkeit auf den Augenblick, auf das, was wir gerade erleben, auf die Menschen, mit denen wir gerade sprechen. Warten berührt unser Herz. Es macht das Herz weit. Wir sind uns selbst nicht genug. Wir strecken uns aus nach dem, der unser Herz höher schlagen lässt.

Das Erwarten ist wie eine Verheißung für unser Leben. Wir erwarten einen Besuch. Wir erwarten, dass alles besser wird. Wir erwarten, dass unsere Wünsche und Sehnsüchte erfüllt werden. Doch wir müssen warten können, bis in uns etwas heran reift, bis Vertrauen wächst, bis das, wonach wir uns sehnen, in uns Wirklichkeit wird, und bis die Zeit reif ist, eine Entscheidung zu fällen. In der Adventszeit könnten wir dies wieder neu lernen: Warten und Erwarten.

In der vorweihnachtlichen Zeit werden wir mit Angeboten der Werbung überflutet, deren Botschaft ist: Warte nicht, kaufe jetzt. Durch Konsum sollen unsere Wünsche erfüllt werden. Gerade die Adventszeit ist die Gelegenheit, das Warten wieder zu lernen und unsere Süchte in Sehnsucht zu verwandeln. Statt unsere Sucht zu verurteilen und uns ihrer zu schämen, sollten wir sie befragen: Was willst du mir sagen? Worauf verweist du mich? Die Texte der Propheten, die wir in der Adventszeit hören, sind voller Hoffnung auf ein erfülltes Leben. Wenn wir diese Texte hören, dann bringen sie uns in Berührung mit unserer tiefsten Sehnsucht nach Liebe und Erfüllung.

Advent ist also die Zeit, in der ein tiefes Verlangen nach dem, was unser Herz zutiefst erfüllen und befriedigen kann, im Rhythmus des Kirchenjahres seinen Ausdruck findet.

Die Sehnsucht, die sich in den Liedern dieser Zeit ausdrückt, hat immer mit Liebe zu tun.

Unser Verlangen danach weist über das Alltägliche und Banale hinaus und zeigt, dass wir uns nur dann dem Kampf des Lebens stellen können, wenn wir in uns selbst daheim sind und wenn wir wahrnehmen, dass Gott als das Geheimnis der Liebe in uns wohnt.

Wenn ich in diesem Wissen mit meiner Sehnsucht bewusst in Berührung komme, dann kann ich mich auch aussöhnen mit der Durchschnittlichkeit meines Lebens. Dann kann ich mich verabschieden von Illusionen, die ich mir von meinem Leben gemacht habe. Dann komme ich in Berührung mit etwas jenseits der Welt, mit etwas, über das die Welt keine Macht hat. Das ermöglicht mir auch eine vorurteilslose Offenheit andern gegenüber. So kann ich die Begegnung und die Beziehung genießen, ohne ständig mehr haben zu wollen.

Auch in vielen Bildern der Kunst, die die Weihnachtsgeschichte zum Gegenstand haben, drückt sich unsere Sehnsucht nach Daheimsein, nach Geborgenheit und Wärme, nach Licht und Sicherheit aus. Wir tragen sie tief in uns, diese Sehnsucht nach wirklicher Heimat und einem wahren Zuhause. Advent ist eine Zeit der Erwartung, dass diese Sehnsucht Erfüllung findet: dass Gott als Geheimnis der Liebe für immer bei uns wohnen wird und wir wirkliche Heimat finden. Heimat ist nur dort, wo das Geheimnis wohnt. Wenn das Geheimnis Gottes unter uns wohnt, dann werden wir wirklich daheim sein.

Eine stille Zeit

Advent heißt: die Zeit der Stille erfahren. In der Stille kommen wir in Berührung mit unserem inneren Hunger, mit unserer tiefsten Sehnsucht. „Still" hat auch mit „stillen" zu tun. Die Mutter stillt das Kind, sie bringt das vor Hunger schreiende Kind zur Ruhe. So muss ich meine eigene Seele, die innerlich laut schreit, beruhigen. Ich muss mich meinem Herzen zuwenden wie eine Mutter, damit es Ruhe gibt. Wir brauchen den mütterlichen Gott, der unseren Hunger stillt mit seiner liebenden Zuwendung. Wenn wir uns in der Stille von Gottes heilender und liebender Nähe umgeben wissen, dann werden wir auch innerlich ganz still.

Wir machen in unserem Alltag viel Lärm, um der Stille aus dem Weg zu gehen. Gerade die Zeit vor Weihnachten gilt oft als hektisch und laut. Da hetzen die Leute oft durch die Geschäfte, um ihre Einkäufe zu erledigen. Wer aber hetzt, der achtet nicht auf sich, dessen Seele kann nicht atmen. Das deutsche Wort „still" kommt von „stellen, unbeweglich stehen". Es braucht das Innehalten, um stille zu werden. Ich muss aufhören, zu hetzen. Ich muss stehen bleiben, bei mir bleiben. Wenn ich stillhalte, kann ich meine Unruhe nicht mehr nach außen verlagern. Ich werde sie in mir wahrnehmen. Nur wer seiner Unruhe standhält, kommt zur Stille.

Wenn wir die Adventszeit als eine Zeit, in der wir nicht mehr rennen und hasten, nicht mehr vor uns selbst davonlaufen, wenn wir hinter der Betriebsamkeit die Sehnsucht, erkennen, endlich einmal anzukommen, dann wird Advent zu einer gesegneten Zeit. Es geht darum, bei uns selbst anzukommen, damit wir die Ankunft Jesu Christi erleben können. Er kommt zu uns, damit wir aufhören können, außen herumzuirren, und damit wir ankommen, wo wir daheim sind: im eigenen Herzen, in dem Gott, das Geheimnis selbst, in uns wohnt. „Still, still, still, wer Gott erkennen will", heißt es in einem alten Weihnachtslied. Gönnen wir uns also als Vorbereitung auf dieses Fest selber Zeiten der Stille, um darin Ausschau zu halten nach Gott.

Motive und Heilige im Advent

Im sanften Schein der Kerze

Die Adventszeit lädt uns ein, eine Kerze anzuzünden und uns hinzusetzen, um uns von ihrem milden Licht bestrahlen zu lassen. Manchmal haben wir Angst, in uns alles aufzudecken, was uns unangenehm ist, unsere Unzufriedenheit, unsere trüben und feindseligen Gefühle, unsere Ängste und unsere Empfindlichkeit. Das Licht einer Kerze erleuchtet und macht hell, aber zugleich lässt es all das, was wir in uns noch nicht anschauen können, so sein, wie es ist.

Advent ist eine gute Zeit: Wir kommen mit allem, was in uns ist, zum Frieden. Das sanfte Licht der Kerze erhellt das Dunkle in uns, bedeckt es aber zugleich mit dem Mantel der Liebe. Wenn wir vor einer Kerze sitzen, sehen wir uns selber anders. Wir hören auf, uns zu bewerten und zu beurteilen oder gar uns zu entwerten und zu verurteilen. Das Licht der Kerze erlaubt es uns, so zu sein, wie wir sind. Und es gibt uns die Hoffnung, dass alles in uns sein darf, weil alles vom Licht der Liebe verwandelt wird, das uns an Weihnachten aufleuchten wird.

Wenn wir in der Adventszeit immer wieder aufgerufen werden, uns dem Licht zu öffnen, dann ist damit nicht nur die Kerze gemeint, die wir anzünden, um die äußere Dunkelheit zu erhellen. Vielmehr geht es bei all den Aufforderungen letztlich darum, in uns selbst das eigene Licht zu schauen. Die frühen Mönche sprechen von dem inneren Licht, das jeder Mensch in sich trägt. Die Lichttherapie der frühen Mönche in ihren dunklen

Behausungen bestand darin, dass sie sich dem inneren Licht zuwandten.

Wenn wir in der Meditation in uns hineinschauen, dann stoßen wir nicht nur auf die dunklen Abgründe unserer Seele. Sondern wir werden auf dem Grund unserer Seele ein Licht schauen, das nicht erlöschen kann, weil es von Gott selbst kommt. Ich stelle mir vor, dass dieses Licht in alle dunklen Bereiche meiner Seele eindringt, alles Unbewusste ans Licht bringt und alle trüben Stimmungen erhellt.

Der Schein der Kerzen erinnert uns daran: Wir tragen in uns ein Licht, das immer scheint und das immer seine heilende Wirkung auf unseren Leib und unsere Seele entfaltet, wenn wir ihm Raum geben. Christus, das wahre Licht, ist in jedem von uns.

Das Symbol der adventlichen Kerze besagt also: Wir sollen den Mut finden, die eigene Finsternis anzuschauen und sie in das Licht Gottes zu halten. Gott hat mich nicht vergessen in meiner Dunkelheit. Er selbst ist das Licht, das meine Nacht erhellt. Wenn ich ihn eintreten lasse in mein Herz, vertreibt er alle finsteren Gedanken. Dann wird es in mir hell.

Stern

Im Advent schmücken wir die Fenster unserer Wohnungen mit Sternen. Diese Sterne sind Symbol für das göttliche Licht aus der Höhe, nach dem wir uns sehnen und das in die menschliche Dunkelheit hineinstrahlt. Über der Krippe in Bethlehem und in der Geschichte der Weisen aus dem Morgenland, die dem Stern folgen, werden wir ihm wieder begegnen. Wir schmücken die Fenster unserer Wohnungen jetzt mit diesem Symbol, um unser Verlangen nach dem auszudrücken, was unser Herz zutiefst erfüllen und befriedigen kann. Das hat immer mit Liebe zu tun. Für Augustinus ist die Sehnsucht eine Grundbefindlichkeit des Menschen. In aller irdischen Sehnsucht klingt eine letzte Sehnsucht nach Gott mit. Jeder von uns kennt aus dem eigenen Alltag innere Abhängigkeiten und Süchte. Die Kunst besteht darin, dass wir sie genau anschauen und darin die Sehnsucht entdecken, die uns zeigt, wie sehr unser eigentliches Verlangen über das Alltägliche und Banale hinausweist. Wir bekommen dann eine Ahnung davon, dass wir uns nur dann dem Kampf des Lebens stellen können, wenn wir in uns selbst daheim sind. Die Sterne sind also mehr als bloße Wohnungsdekoration. Sie erinnern uns an das Geheimnis, das in uns wohnt und in dem wir letztlich daheim sind.

Adventskranz

In der Antike hat man dem Sieger einen Kranz verliehen. Der Adventskranz, mit dem wir die Wohnung schmücken, ist Ausdruck der Hoffnung, dass unser Leben „rund" sein kann und gelingen wird, dass wir trotz aller Rückschläge im vergangenen Jahr doch unter dem Segen Gottes stehen. Der Adventskranz ist rund. So dürfen wir vertrauen, dass Gott all das in uns abrunden wird, was kantig und eckig ist.

Im Adventskranz liegt die Hoffnung, dass das, was in uns auseinander zu fallen droht, von Gott zusammengehalten wird, dass wir ganz werden, eins mit uns selbst. Indem wir auf den Adventskranz schauen, bitten wir Gott, dass er all die Konflikte, die uns im vergangenen Jahr auseinander gerissen haben, verwandeln möchte, so dass sie uns wieder zusammenführen und Gemeinschaft wieder möglich wird. Der Adventskranz verheißt uns, dass Gott all das, was im vergangenen Jahr unvollständig geblieben ist, abrunden und ganz machen wird. Er ist ein Zeichen unserer Hoffnung:

Unter dem Segen Gottes wird unser Leben gelingen. Vielleicht anders, als wir uns das vorgestellt haben, aber es wird gelingen.

Die vier Lichter

Der Adventskranz hat vier Kerzen. Jeden Sonntag zünden wir eine weitere Kerze an, und jede Kerze hat ihre eigene Bedeutung. Die erste Kerze steht für die Verheißung der Einheit. Wenn wir die erste Kerze anzünden, drücken wir die Hoffnung aus, mit uns selbst eins zu werden, einverstanden zu werden mit uns, so wie wir sind, und mit unserem Leben.

Die Zwei ist immer die Zahl der Polarität. In uns ist Bewusstes und Unbewusstes, Verstand und Gefühl, Männliches und Weibliches, Lichtes und Dunkles. In der zweiten Kerze bringen wir unser Vertrauen zum Ausdruck, dass uns die Pole unseres Lebens nicht spalten, sondern dass sie eine gesunde Spannung erzeugen, die uns lebendig hält. Die Drei steht für die drei Bereiche im Menschen, für Geist, Seele und Leib, oder für Bauch, Herz und Kopf. Die dritte Kerze steht für die Aufgabe, alle drei Bereiche unseres Menschseins vom Licht Gottes durchdringen und verwandeln zu lassen.

Die Vier steht für die vier Elemente. Wenn wir die vierte Kerze entzünden, vertrauen wir darauf, dass das Licht von Weihnachten alles Irdische, auch unseren konkreten Alltag, erhellt. Auch in unseren alltäglichen Sorgen und Konflikten ist Gott da als das Licht und die Liebe, die alles verwandelt.

Barbara – ein Licht, heller als das Dunkel

Die hl. Barbara bewegt auch heute noch viele Christen dazu, an ihrem Gedenktag, dem 4. Dezember, Kirschzweige abzuschneiden und in einen Krug mit Wasser zu stellen. Dann werden sie an Weihnachten blühen. Es sind Liebeszweige, die mitten im kalten Winter die Liebe zur Blüte bringen. Offensichtlich hat diese Frau eine Liebe ausgestrahlt, stärker als die Kälte des Winters: eine Liebe, die Licht in die Dunkelheit des Herzens zu bringen vermag.

Die Legende der hl. Barbara erzählt eine interessante Entwicklungsgeschichte. Barbara heißt griechisch: „die Ausländerin", also die, die aus einer anderen Welt, aus der jenseitigen Welt, kommt. Ihr Vater ist darauf bedacht, dass sie genau das tut, was er will. Er sperrt sie in einen Turm, damit sie keine Gelegenheit findet, eigene Wege zu gehen. Doch als der Vater auf Reisen geht, lässt Barbara christliche Philosophen kommen und diskutiert mit ihnen. Sie bekehrt sich zum Christentum und lässt noch ein drittes Fenster im Turm ausbrechen, als Zeichen für den dreifaltigen Gott, an den sie nun glaubt. Der Vater, wütend über diesen Eigensinn der Tochter, verwandelt den Turm nun zum Kerker. Doch auf wunderbare Weise kann sie entkommen.

Barbara flieht vor dem wütenden Vater ins Gebirge und versteckt sich in einer Höhle. Doch ein Schafhirt verrät sie an den Vater. Der liefert sie dem Statthalter aus. Die Tochter weigert sich weiter standhaft, die Götter anzubeten und wird dafür grausam gefoltert. Doch in der Nacht kommen Engel und heilen ihre Wunden. Sie wird nackt durch die Straßen der Stadt getrieben und mit Ruten geschlagen, doch die Ruten verwandeln sich in Pfauenfeder, die sie bedecken. Im Kerker besucht sie ein Engel und bringt ihr das Abendmahl. Schließlich wird sie zum Tod durch Enthaupten verurteilt. Der eigene Vater führt das Schwert. Doch kaum hat er sein Werk vollbracht, wird er von einem Blitz erschlagen.

Dieser Vater hat keine Macht über die Tochter. Die geht souverän ihren eigenen Weg. Die Wunden, die ihr der Vater schlägt, werden von Engeln verwandelt. Sie ist nach jeder Verletzung in ihrem Aussehen schöner. Ein Engel begleitet sie und führt sie ein in das wahre Leben.

Barbara wird mit dem Abendmahlskelch dargestellt und mit einem grünen Priestergewand. Sie ist die Priesterin, die das Heilige jenen Menschen bringt, die in sich gefangen sind. Das ist ein wunderbares Bild für die Selbstwerdung der Frau: Die Frau ist Priesterin, Hüterin des heiligen Feuers, Schützerin des Heiligen. Sie hütet das Feuer der Liebe, dass es in der Kälte dieser Welt nicht ausgeht. Und sie bringt Christus zu den Menschen. Sie bringt Licht in das Dunkel der Menschen und Nahrung zu denen, die innerlich verhungern. Das grüne Gewand weist symbolisch auf die Lebendigkeit hin, die von ihr ausgeht. Barbara wird auch als Patronin der Sterbenden verehrt. Sie trägt das grüne Gewand, das auch durch den Tod nicht vernichtet werden kann. Sie steigt hinab zu den Menschen, die in ihrer Angst vor dem Tod gefangen sind. Sie hat Mut, ins Gefängnis zu gehen. Wenn sie dort eintritt, dann wird alles hell, dann verwandelt sich die Dunkelheit in Licht, dann wird das Graue grün.

Die Botschaft Barbaras in der Adventszeit: Wir können ausbrechen aus dem Turm unserer alten Lebensmuster und unseren Weg zu Freiheit und Leben gehen. Auch wenn der Turm mit seinen dicken Mauern dir scheinbar keine Chance lässt für den eigenen Weg, trau der Kraft, die in dir ist, unter allen Panzerungen innerer und äußerer Zwänge. Trau dem Engel, der dich begleitet und dich herausführt aus deiner Einkerkerung, der in dein Gefängnis tritt, um deine Wunden zu heilen und dir deine ursprüngliche Schönheit zu schenken.

Nikolaus – Licht der Güte

Am 6. Dezember ist das Fest des heiligen Nikolaus. In der Ostkirche ist Nikolaus der größte Heilige. Er kommt sofort nach der Gottesmutter Maria. Im Westen ist Nikolaus jedem Kind bekannt. Zu Beginn der Adventszeit gibt es an seinem Fest zahlreiche Nikolausbräuche. An diesem Tag werden Kinder beschenkt. Nikolaus ist der väterliche Mensch, der seine guten Gaben an die Kinder austeilt. Im Mittelalter waren die Wanderstraßen und die Schifffahrtswege umsäumt von Nikolauskirchen. Der Name Nikolaus bedeutet: Besieger des Volkes. Das Nikolausfest ist aber nicht nur ein Kinderfest. Es stellt uns den väterlichen Menschen vor Augen, der ein Gespür hat für die Not der Menschen und ihnen tatkräftig hilft. Das Fest fällt in die Vorbereitungszeit für Weihnachten. Und im Bezug auf Weihnachten, dieses hohe Fest der Liebe, können wir auch das eigentliche Geheimnis dieses Heiligen verstehen: Er ist ein Mensch, der ganz und gar Liebe geworden ist, der Milde und Güte ausstrahlt, der zupackt, wenn Menschen in Not sind, und der Mitleid hat, der unauffällig hilft. Er gilt in vielen Gegenden als einer, den man in einer persönlichen Not ansprechen kann. Wenn wir die Legenden anschauen, die sich um seine Person ranken, so haben sie alle eine tiefe Bedeutung für unser Leben. Als Schiffsleute in große Not geraten, rufen sie die Hilfe des Bischofs an. Nikolaus erscheint sofort und hilft ihnen, das sichere Ufer zu erreichen. Drei Hauptleute die ungerechterweise beim Kaiser des Hochverrats angeklagt sind, flehen Nikolaus um Hilfe an. In der Nacht vor ihrer Hinrichtung erscheint der Heilige dem Kaiser im Traum und hält ihm sein Unrecht vor. Der Kaiser lässt die Hauptleute daraufhin frei. Einer Mutter, der wegen ihrer Unachtsamkeit ihr Kind verbrannt ist, schenkt er das Kind lebendig wieder zurück. In all diesen Legenden wird deutlich, dass Nikolaus dort eintritt, wo die Menschen mit ihrer Weisheit am Ende sind. Besonders bekannt ist folgende Geschichte: Als Nikolaus erfährt, dass ein verarmter Nachbar seine drei Töchter in ein Bordell verkaufen will, wirft er dreimal hintereinander einen Klumpen Gold durchs Fenster, damit jede Tochter eine ausreichende Mitgift für die Heirat hat. Er spürt, welche Not es für einen Vater bedeutet, seine Töchter zu benutzen, damit er selbst überleben kann. Er greift ein, damit die Töchter ihren Weg gehen können und nicht mehr vom Vater für die eigenen Zwecke eingesetzt werden. Gegenüber dem negativen Vaterbild stellt Nikolaus das Bild des Vaters dar, der seine Kinder freilässt, der ihnen ermöglicht, der eigenen Sehnsucht zu folgen. Er schafft ein Klima, in dem Kinder heil werden können. Er ist der gerechte Mensch, der nicht mit ansehen kann, wenn Menschen unschuldig verurteilt werden. Er ist der Vater, der jedem seiner Kinder gerecht wird, der jedem Recht verschafft, um richtig zu leben. Nikolaus macht jedem Mut, zu seinen väterlichen und mütterlichen Seiten zu stehen. In jedem von uns ist das archetypische Bild des Vaters, der anderen den Rücken stärkt und sie zum Leben ermutigt, jeder trägt auch das Bild der Mutter in sich, die anderen Geborgenheit und Heimat schenkt, die sie nährt und ihre Wunden heilt. Und in jedem wohnt auch der lautere und gerechte Mensch, der einen Blick für die Not anderer hat. Nikolaus lädt uns ein, mit uns selbst väterlich umzugehen und auf die Menschen zuzugehen, die Hilfe brauchen. Er ermutigt uns, anderen den Raum zu schaffen, in dem sie aufblühen und zum Leben finden.

In meiner Zelle habe ich eine Ikone des heiligen Nikolaus. Wenn ich sein Gesicht betrachte, so habe ich den Eindruck: Dieser Mann liebt nicht nur die Menschen, er ist Liebe. Alles in ihm strahlt diese Liebe aus. Sie hat Bischof Nikolaus dazu geführt, überall dort einzugreifen, wo Lieblosigkeit, Kälte und Ungerechtigkeit herrschten. Mein Wunsch für den Advent: Ich möchte wie Nikolaus von Güte und Liebe erfüllt sein und Licht in das Leben anderer hineintragen.

Luzia – Lichtbringerin, die Dunkles klärt

Der 13. Dezember war vor der Einführung des gregorianischen Kalenders (1582) der kürzeste Tag im Jahr. Die hl. Luzia, deren Fest an diesem Tag begangen wird, wurde daher zum Symbol für die vielen Lichterbräuche, die man an diesem Tag vor allen in den nordischen Ländern feierte. Luzia heißt: die Lichte, Leuchtende, die Lichtbringerin. Luzia starb unter Kaiser Diokletian als Märtyrerin. Ihr verschmähter Liebhaber wollte sie in ein öffentliches Haus stecken, damit sie ihre Unschuld verliert. Aber sie wurde so schwer, dass man sie auch mit Gewalt nicht wegtragen konnte. Die Legende erzählt, dass sie ihre Mitgift den Armen austeilte und nachts den verfolgten Christen Lebensmittel brachte. Damit sie beide Hände mit Gaben füllen konnte, befestigte sie auf ihrem Kopf ein Öllämpchen, das ihr den Weg zeigte. Es ist ein wunderbares Bild: Luzia bringt Licht, indem sie den Armen und Bedrängten Gaben austeilt, indem sie Menschen beschenkt. So zeigt uns Luzia einen wesentlichen Aspekt unseres weihnachtlichen Schenkens: es will Licht bringen zu den Menschen, das Licht der Zuwendung und der Liebe.

Luzia spendet Licht durch das Öllämpchen auf ihrem Kopf. Hier wird ein anderes Bild sichtbar: Öl ist ein Bild der Heilung. Mit Öl hat man die Wunden geheilt. Und das Öllämpchen auf dem Kopf zeigt, dass Luzia durch ihr anderes Denken Licht in das Leben der Menschen bringt. Weil sie sich nicht von den Mächtigen beeindrucken lässt, weil sie nicht die Gedanken der Welt übernimmt, sondern von Gott her denkt, wird sie zur Lichtbringerin für andere. Sie lädt uns ein, unsere Gedanken von Gott her erleuchten zu lassen, damit wir nicht nachdenken, was andere uns vordenken, sondern Gottes Gedanken in dieser Welt aufstrahlen lassen. Gottes Gedanken haben immer auch eine heilende Wirkung. Sie heilen unser eigenes Denken und durch das Denken unseren Leib. Und sie wirken heilend auf die Menschen, denen wir begegnen. Wenn wir gut von ihnen denken, können sie heil werden und ganz.

Lucia, die Lichtbringerin, vertreibt die Dunkelheit. Das Licht, das sie selbst erleuchtet, ist nach der Legende der Heilige Geist. Er macht sie von innen her hell und gibt ihr eine solche Kraft, dass niemand sie von der Stelle bewegen kann. Das ist ein schönes Bild menschlicher Selbstwerdung. Wenn wir vom Heiligen Geist erhellt werden, dann geht von uns Licht aus auf unsere Umgebung. Wir werden die trüben Emotionen, die uns umgeben, nicht noch mehr eintrüben und verdunkeln, sondern dazu beitragen, dass Klarheit aufkommt. Oft genug sind wir in Gesprächen derartig aufgewühlt und in Emotionen verstrickt, dass die klare Sicht auf die eigentlichen Probleme verdunkelt wird. Da braucht es Lucia als die Lichtbringerin, die das Dunkle und Trübe klärt.

Lucia steht für die Standfestigkeit, die wir heute so nötig haben, damit in unser Miteinander wieder Klarheit und Verlässlichkeit einziehen. Und Lucia, die Lichtbringerin zeigt uns: Advent ist die Einladung, unsere Gedanken von Gott her erleuchten zu lassen, damit wir nicht nach-denken, was andere uns vor-denken, sondern Gottes Gedanken in dieser Welt aufstrahlen lassen.

Barbarazweige

In der Adventszeit feiern wir das Fest der hl. Barbara. Am Barbaratag, dem 4. Dezember, schneiden viele Menschen auch heute noch einen Zweig vom Kirschbaum ab und stellen ihn in einer Vase mit Wasser in die Wohnung, in der Hoffnung, dass er an Weihnachten aufblüht. Dieser Brauch geht auf eine Legende zurück. Aber schon in vorchristlicher Zeit gab es den Brauch, vor der Sonnenwende Kirschzweige in eine Vase zu stellen, damit sie am 24. Dezember, dem dunkelsten Tag des Jahres, aufblühen. Die Kirschzweige galten als Liebeszweige. Wenn die Sonne sich verdunkelt und es draußen kalt wird, soll die Liebe die Herzen erleuchten und erwärmen. Die Christen haben diesen Brauch übernommen und mit dem Fest der hl. Barbara verbunden. Die hl. Barbara gehört zu den vierzehn Nothelfern. Die Legende berichtet, dass sie mit Ruten geschlagen wurde. Doch die Engel heilten ihre Wunden und am nächsten Tag erstrahlte Barbara in größerer Schönheit als zuvor. So steht diese Heilige für die Hoffnung, dass unsere Wunden in Perlen verwandelt werden.

Nehmen Sie Zweige aus Ihrem Garten, entweder Kirschzweige oder Forsythienzweige, und stellen Sie sie in Ihr warmes Zimmer. Tun Sie es bewusst und achtsam. Stellen Sie sich vor, dass Sie mit diesen nackten Zweigen eine große Hoffnung für sich selber ausdrücken: dass das Neue, das Gott Ihnen an Weihnachten schenkt, das Sie aber in sich selbst noch nicht sehen, in Ihnen wirklich zur Blüte kommen wird. Nehmen Sie die Zweige als Bild dafür, dass auch Ihre Wunden in Perlen verwandelt werden und dass das Licht Jesu Christi, das Barbara ins Gefängnis gebracht hat, auch das Gefängnis Ihrer Angst und Ihrer Enge aufbricht und mit Liebe erfüllt. Die Liebe Christi, auf die diese Zweige hinweisen, möge stärker werden als alles, was uns von außen oder von innen verfolgt.

Christen drücken mit diesem Ritual ihren Glauben aus, dass Christus auch ihr Haus erleuchtet und Abgestorbenes und Erstarrtes zu neuem Leben weckt. Mitten im kalten Winter wird die Blume der Liebe aufblühen, so wie es im Weihnachtslied heißt: „Und hat ein Blümlein bracht mitten im kalten Winter wohl zu der halben Nacht."

Wir brauchen solche sinnfälligen Rituale, um uns täglich an unsere Hoffnung zu erinnern. Der Anblick der Barbarazweige im Advent ist eine solche Erinnerung: dass auch in uns die Liebe stärker ist als die Kälte und dass das Licht heller sein wird als die Dunkelheit.

Rituale im Advent

Eine Einladung

In vielen Familien sind Rituale in der Adventszeit noch üblich und selbstverständlich. Aber viele Familien sind auch ratlos und wissen nicht recht, wie sie den Advent bewusst feiern können. Viele Menschen haben noch das Gespür dafür, dass die Adventszeit eine besondere Zeit für sie wird: eine Zeit, durch das ihr Leben eine neue Tiefe und Klarheit bekommt. Zugleich leiden sie daran, dass gerade diese Zeit immer hektischer wird. Und oft trauen sie sich nicht, die alten Rituale, die sie in der Kindheit vollzogen haben, in der Familie zu feiern. Sie haben Angst, die Kinder oder der Ehepartner könnten die Rituale ablehnen oder gar lächerlich machen. Daher ist es gut, schon vor Beginn der Adventszeit in der Familie anzusprechen, wie Sie gerne Advent und Weihnachten feiern möchten. Das Gespräch über die Rituale würde dann sehr schnell zu einem Gespräch über die Beziehungen in der Familie werden. Wollen wir überhaupt noch miteinander etwas feiern? Oder geht jeder seiner Wege? Trägt uns das noch, worauf Advent und Weihnachten hinweisen? Sagen Sie, warum Ihnen die Rituale wichtig sind. Es ist vielleicht Mut nötig, das zu sagen. Denn damit drücken Sie Gefühle aus und machen sich verwundbar. Doch es ist zugleich die Einladung an die Familie, sich über den Grund Gedanken zu machen, der sie trägt.

Mit der Familie um den Adventskranz

Laden Sie die Familie ein, die Adventszeit mit einer Runde um den Adventskranz zu beginnen. Sagen Sie, was Ihnen der Adventskranz bedeutet. Und dann segnen Sie den Kranz, bevor Sie die erste Kerze anzünden. In den segnenden Worten wird ausgedrückt, was der Adventskranz uns sagen möchte. Der Kranz erinnert an den Siegeskranz. Wir glauben, dass unser Leben gelingt, wenn wir auf das Kommen Christi warten und Christus eintreten lassen in unser Haus, wenn er bei uns anklopft. Und im Adventskranz geben wir unserer Hoffnung Ausdruck, dass Gott all das, was in uns zerbrochen oder brüchig geworden ist, wieder zusammenfügt und ganz macht.

Der Kranz soll unsere Hoffnung stärken, dass niemand in der Familie scheitert, dass auch im kommenden Jahr unser Leben gelingt. Und wir bitten darum, dass Gott alles in uns abrunden möge, was während des vergangenen Jahres kantig und hart geworden ist. Der Kranz verbindet auch den Kreis der Menschen, die sich um ihn setzen. So drückt er den Wunsch aus, dass die Familie zusammen hält und niemand heraus fällt aus dem Kreis ihrer Gemeinschaft.

Zünden Sie achtsam die erste Kerze an. Sprechen Sie dazu die Worte: „Das Licht Jesu Christi möge in dieser Adventszeit immer tiefer in uns eindringen und alle Bereiche unseres Lebens erleuchten. Es möge alle Dunkelheit aus unseren Herzen und aus unserem Haus vertreiben und unser Haus mit Liebe erfüllen."

Es ist gut, vor jedem Adventssonntag ein kleines Ritual vor dem Adventskranz zu feiern, entweder allein oder am besten im Kreis der Familie. Dabei können wir eine Lesung aus der Sonntagsliturgie vorlesen und die Worte in uns eindringen lassen. Die Verheißungen der Propheten, die in der Adventszeit gelesen werden, wollen uns zeigen, dass Gott auch unser Leben verwandeln und erneuern wird. Wenn es geht, sollten wir gemeinsam ein Adventslied singen.

Wenn die Familie musikalisch ist, kann sie gemeinsam eine Kantate anhören oder selber adventliche Musik spielen. Ich selber, wenn ich allein bin, höre mir eine der Adventskantaten von Johann Sebastian Bach an oder den adventlichen Teil aus dem Messias von Händel. Die Vorfreude auf Weihnachten wird dadurch nur noch tiefer.

Allein vor dem Adventskranz

Stelle einen Adventskranz in Deiner Wohnung auf und setze Dich vor ihn hin. Zünde jeden Samstagabend eine Kerze mehr an. Dann meditiere, was der Adventskranz und was die Kerzen Dir sagen. Stelle Dir vor, dass Gott alles in Dir, was kantig und brüchig geworden ist, ganz und rund macht wie diesen Kranz. Der Adventskranz erinnert auch an den Siegerkranz. Vertraue darauf, dass auch dein Leben gelingen wird, dass du siegen wirst über alles, was Dich ängstigt und bedroht. Und der Adventskranz steht für die Gemeinschaft. Bete für Deine Familie, für deine Freunde, dass Gott sie alle miteinander verbindet, dass alles, was die Gemeinschaft stört, in dieser Adventszeit sich auflöst und ein neues Miteinander möglich wird. Und dann meditiere an jedem Adventssamstagabend die neue Kerze, die du anzündest. Die erste Kerze verheißt dir, dass du ganz eins wirst mit dir und mit Gott. Die zweite Kerze will dir Hoffnung machen, dass alle Gegensätze in dir im Licht Gottes sich miteinander aussöhnen. Die dritte Kerze lädt dich ein, das Licht Gottes in alle drei Bereiche Deines Menschseins einströmen zu lassen, in den Kopf, das Herz und den Bauch (so die Einteilung des Enneagramms), in den Verstand, den Willen und in das Gedächtnis (nach der Einteilung des hl. Augustinus). Und die vierte Kerze will dir sagen: Gottes Licht will deinen Alltag erleuchten, das Erdhafte und Irdische. Gott wird auf der Erde erscheinen, um die Erde zu heilen und zu heiligen. Mitten in deinem Alltagsleben, in deiner Arbeit, in deiner Wohnung will Gott selbst wohnen und alles mit seinem Licht erleuchten.

Licht als Verheißung

Stellen Sie einen Adventskranz in Ihre Wohnung. Vor jedem Adventssonntag zünden Sie eine Kerze an und schauen still auf die Kerze, auf das, was sie in Ihnen auslöst. Das milde Licht der Kerze beruhigt. Es bringt uns in Berührung mit der eigenen Sehnsucht. Und es ist Verheißung. Die erste Kerze ist die Verheißung, dass wir eins werden mit uns selbst, einverstanden mit unserem Leben. Sie brennt auf dem Adventskranz, der uns daran erinnert, dass alles, was in uns zerbrochen ist, was brüchig geworden ist in unserem Leben, durch das Kommen Gottes wieder rund und ganz wird. Die zweite Kerze lädt Sie ein, das milde Licht in Ihre Beziehungen strömen zu lassen. Statt den Partner, die Freundin zu beurteilen, schauen Sie in diesem wärmenden Licht auf sie. Dann werden sich die dunklen Schatten, die sich auf die Beziehung gelegt haben, erhellen. Die dritte Kerze will das Licht Christi in alle Bereiche Ihres Leibes und Ihrer Seele und Ihres Geistes dringen lassen, damit alles in Ihnen verwandelt und erleuchtet wird. Die vierte Kerze verweist auf die vier Elemente, auf das Irdische. Alles, was Ihren Alltag betrifft, will vom Licht Christi verwandelt werden, damit Gott in Ihrem Stall, in Ihrem täglichen Durcheinander, in Ihrem vielleicht von Krankheit geprägten Leben Gestalt annimmt und alles erhellt.

Ins Licht schauen

Setze dich still vor eine Kerze und zünde sie behutsam an. Vergewissere dich mit diesem einfachen Ritual des Anzündens, dass das Licht Gottes über deinem Leben aufgeht und dir verheißt, dass dein Leben gelingen wird. Natürlich weißt du, dass vom Anzünden der Kerze nicht das Gelingen deines Lebens abhängt. Aber indem du achtsam das Licht anzündest, drückst du aus, dass dein Leben unter der Verheißung Gottes steht und dass Gott dir zusagt: „Ich vollbringe an dir, was ich dir verheißen habe." Schau in das Licht hinein und lass dieses Licht in alle Abgründe deiner Seele eindringen, in die verschlossenen Bereiche, in denen viel Verdrängtes und Unterdrücktes verborgen liegt, in die Dunkelheit der Trauer, in deine Angst, in deine Zweifel, in deine Unsicherheit, in deine Leere. Stelle dir vor, dass alles in dir von diesem warmen zärtlichen Licht der Kerze erleuchtet wird. Im Licht dringt Gottes Liebe in dich ein. Sie verurteilt dich nicht. Sie vermittelt dir: alles in dir darf sein. Aber alles kann auch verwandelt werden durch das Licht und durch die Liebe.

Du sollst bei diesem Ritual gar nicht viel denken. Lass das Licht einfach in dich eindringen. Vielleicht spürst du dann auch, wie es dir warm ums Herz wird, wie Liebe in dich einströmt und dir vermittelt: alles ist gut. Vielleicht kommen auch Sehnsüchte hoch, oder Bedürfnisse oder nicht gelebte Seiten an dir. Das kann manchmal schmerzlich sein. Doch es ist gut, wenn das Licht der Kerze dich in Berührung bringt mit deiner Sehnsucht. Es zeigt dir, dass dein Leben nicht so eng und so leer ist, wie du es manchmal erfährst. In dir ist Gottes Licht. Es will alles in dir erleuchten, heilen, mit Liebe und Hoffnung erfüllen.

Ankommen im Herzen

Setze dich in deine Gebetsecke oder an einen Ort, an dem du für dich allein bist. Zünde eine Kerze an und mache das elektrische Licht aus, so dass du nur dem Licht der Kerze ausgesetzt bist. Schaue in das milde Licht und schaue in dein eigenes Herz. Welche Gedanken und Gefühle tauchen in dir auf? Welche Sorgen, welche Ängste steigen in dir hoch? Lass das Licht der Kerze in all diese Emotionen eindringen. Und stelle dir vor, wie in dem Licht der Kerze das Licht der Liebe Gottes in dich eindringt. Sage dir das Wort aus dem Lobgesang des Zacharias vor: „Durch die barmherzige Liebe unseres Gottes wird uns besuchen das aufstrahlende Licht aus der Höhe, um allen zu leuchten, die in Finsternis sitzen und im Schatten des Todes, und unsre Schritte zu lenken auf den Weg des Friedens." (Lk 1,78f) Dann wird dir das Geheimnis von Advent und Weihnachten aufgehen. Das barmherzige Licht der Liebe Gottes steigt an Weihnachten zu uns hernieder. Es will in unser Herz hineinleuchten, um alles Dunkle und Düstere, alles Bedrohliche und Beängstigende aus unserem Herzen zu vertreiben. Lass dieses Licht in dein Herz eindringen, bis du Frieden findest mitten in den Turbulenzen deines Lebens. Dann geschieht jetzt in dir Advent, Ankunft des Lichtes aus der Höhe. Und durch dieses Licht kommst du bei dir selbst und bei Gott an. Angekommen bist du daheim, daheim bei Gott und auch daheim in deinem Herzen.

Eine Woche Fasten

Sehnsucht und Verzicht gehen zusammen. In den Klöstern des Mittelalters hat man vom Martinsfest, dem 11. November, bis Weihnachten gefastet. Fasten wurde als spirituelle Praxis verstanden, durch die man sich auf das Kommen des Herrn vorbereitet. Auch heute gibt es viele Menschen, die sich in der Adventszeit eine Woche herausnehmen, um zu fasten. Andere verzichten in dieser Zeit bewusst auf Alkohol oder Süßigkeiten, damit sie an Weihnachten Gottes gute Gaben neu genießen können. Fasten will Leib und Seele reinigen. Es ist mehr als bloß Verzicht. Wer Fastenerfahrung hat, der weiß, dass ihn eine Woche Fasten wacher und sensibler machen kann, dass er sich freier fühlt, lebendiger und offener. Aber die ersten Tage beim Fasten sind auch beschwerlich. Da muss ich mich bewusst dazu durchringen, mich innerlich darauf einstellen. Ich spüre den Hunger, und ich fühle mich zunächst müder als sonst. Aber nach drei Tagen ist das Hungergefühl weg, und ich erlebe mich wacher und freier. Ich brauche weniger Schlaf. Ich träume intensiver. Ich kann besser beten. Da fällt mancher Ballast nicht nur von meinem Leib, sondern auch von meiner Seele. Ich kreise nicht mehr um meine Probleme, sondern halte sie Gott hin. Fasten ist Ausdruck meiner Ohnmacht, dass ich die Probleme nicht selber lösen kann. Und indem ich mich in meiner Ohnmacht Gott überlasse, erfahre ich Gelassenheit und Freiheit – und tiefe Freude.

Die Stille gestalten

Nimm dir in diesen vier Wochen vor, den Morgen mit einer stillen Zeit zu beginnen. Du kannst dir die Zeit nehmen, fünf Minuten vor einer brennenden Kerze zu sitzen und die Texte der Liturgie zu lesen und zu meditieren. Oder aber du bleibst einfach still vor der Kerze sitzen und horchst auf die Sehnsucht, die in dir hochkommt. Eine andere Möglichkeit: Suche dir in der Adventszeit die Gottesdienste oder Adventskonzerte heraus, die dich in die Stille führen und dein Herz für Gott öffnen. Mache dir einen persönlichen Adventskalender mit den Terminen, die du für dich selbst wahrnehmen willst. Aber auch in der Familie kannst du wieder nach Ritualen suchen. Vielleicht ist es doch möglich, sich wenigstens an jedem Adventssonntag um den Adventskranz zu setzen, die Kerzen anzuzünden, Lieder zu singen oder einen Text vorzulesen. Du kannst vorschlagen, etwa das Sonntagsfrühstück meditativ zu gestalten, indem auch Schweigen und das Hören adventlicher Musik alle innerlich sammelt. Solche Familienrituale tun gut. Wir fühlen uns dann nicht nur als Opfer hektischer Zeitumstände. Wenn wir die Adventszeit gestalten, wird sie eine gesegnete Zeit werden.

Lieder im Advent

Tauet, Himmel, den Gerechten!

Für mich gehört seit meiner Kindheit das Lied „Tauet, Himmel, den Gerechten" zur Erfahrung von Advent. Als Kind war das Bild des Taus für mich etwas Geheimnisvolles, ein Bild, das das Herz ansprach, dessen Sinn mir aber fremd blieb. Dennoch hat es mich fasziniert, eine tiefe Sehnsucht in mir angesprochen und mir eine Ahnung vermittelt: dass alles besser werden wird, dass da etwas anderes in mein Leben einbricht, durch das es neu wird und richtig. Für die Menschen in Palästina war der Tau ein wichtiges Symbol. Nachts fällt der Tau unmerklich und unsichtbar auf den trockenen Ackerboden. Die Wüste selbst ist morgens mit Tau bedeckt. In der frühen Morgensonne glitzert der Tau. Tautropfen sehen aus wie kostbare Perlen, in denen sich das milde Morgenlicht spiegelt. Bei den Griechen ist der Tau Symbol der Liebe, bei den Persern das der Jungfrau. Der Tau der Liebe befruchtet das verdorrte und vertrocknete Herz. Es beginnt wieder lebendig zu werden. Tau steht für das Zarte, Unberührte, Unversehrte, Makellose. So wie Christus aus der Jungfrau geboren wird, so steht der Tau bei den Persern für die erneuernde und erlösende Kraft Gottes. Gott stellt im Tau das Ursprüngliche dieser Welt wieder her. Wenn die Hitze des Tages das Leben ausgedorrt hat, so fällt in der Nacht der alles erneuernde Tau Gottes auf uns und macht uns frisch. Er lässt neues Leben in uns entstehen. Für die Israeliten war der Tau ein Bild dafür, dass Gott selbst für die Menschen sorgt und das Verdorrte in uns mit dem zarten Tau seiner Liebe befruchtet, dass er neues Leben in uns hervorlockt. Unser Leben wird sich erneuern. Unsere Seele wird wieder froh werden. Die Vorfreude klingt in der Bildwelt des Adventsliedes durch.

Wo bleibst du, Trost der ganzen Welt?

In einem Adventslied wird der verheißene Messias als unser Trost besungen: „Wo bleibst du, Trost der ganzen Welt, darauf die Welt all Hoffnung stellt?" Und Georg Friedrich Händel beginnt seinen „Messias" mit den Worten, die ihn offensichtlich selbst getröstet und aus seiner Depression herausgerissen haben: „Tröste dich, tröste dich, mein Volk, spricht dein Gott. Redet freundlich, Boten, mit Jerusalem und prediget ihr, dass die Knechtschaft nun zu Ende und ihre Missetat vergeben" (Jes 40,1f). Es gehört zu meinen ganz persönlichen Adventsritualen, mir den Beginn des „Messias" am ersten Adventssonntag anzuhören und durch die Musik den Trost dieser Worte in mein Herz fallen zu lassen. In meiner Internatszeit hat mich der Gesang des „Rorate coeli" (Tauet, ihr Himmel) und vor allem die vierte Strophe „Consolamini, consolamini" (Tröste dich, tröste dich) immer tief angerührt.

Trost kommt von Treue und bedeutet innere Festigkeit. Wenn Gott zu mir kommt in seinem Sohn, dann bekommt mein Leben einen neuen Stand, dann hört der Boden unter mir auf zu wanken und zu schwanken. Dann habe ich einen festen Grund, auf dem ich stehen kann. Trost hat auch mit Trauen zu tun. Wenn Gott mich tröstet, traue ich mich zu leben, dann wird mein Ort, an dem ich bin, zu einem trauten Ort, zu einem Ort des Vertrauens, zu einem Ort, an dem ich daheim sein kann. Gott tröstet mich in meiner Trauer. Der Ort der Trauer kann so zum Raum des Trostes werden. Am trauten Ort bin ich vertraut mit der Gebrochenheit meiner Existenz, dort traue ich mich, meine Wahrheit ungeschönt anzuschauen, weil ich in meiner Trauer getröstet bin, weil ich durch meine Trauer hindurch zu dem Trost finde, auf dem ich fest stehen kann, „den Trost ob allen Dingen". Es ist der Ort, an dem eine tiefere Freude möglich wird. Eine Freude, die Dunkelheit integriert.

Reiß Schloss und Riegel ab!

„Macht hoch die Tür, die Tor macht weit“, „Reiß ab vom Himmel Tor und Tür, reiß ab, wo Schloss und Riegel für“, „O komm, o komm, du Morgenstern“: Freude und Sehnsucht, die Erfahrung des „schon“ und des „noch nicht“ sind in den Liedern der Adventszeit gemischt: „Vertreib das Dunkel unserer Nacht durch deines klaren Lichtes Pracht.“ In diesen Melodien und Texten steckt die Sehnsucht nach dem Ende aller Beengtheit. Und in solcher Sehnsucht steckt gleichzeitig eine Hoffnung, eine Vision. Sie öffnet ein Fenster zum Himmel. Sie ist schon Vorschein des Ewigen. Sie hat die Kraft, Beton zu sprengen, Panzertüren zu knacken, die wir um uns aufgebaut haben, um uns gegenüber anderen unempfindlich zu machen. Sehnsucht hält den Horizont über uns offen und setzt uns auf die Spur der Freude. Wer mit seiner Sehnsucht in Berührung kommt, der wird sich frei fühlen, auch wenn alles um ihn herum eng ist. Die alten Lieder des Advent stacheln unsere tiefste Sehnsucht nach wahrem Leben, nach Heimat und Geborgenheit an, wenn wir unsere Worte in unser Herz einsinken lassen. Diese Sehnsucht wird schließlich an eine Quelle des Lebens führen, die in uns selber sprudelt und alle Einengungen sprengt.

O Sonn, geh auf

„O klare Sonn, du schöner Stern, dich wollten wir anschauen gern; o Sonn, geh auf, ohn' deinen Schein in Finsternis wir alle sein." In den Wirren des Dreißigjährigen Krieges dichtete der Jesuit Friedrich Spee das bekannte Adventslied »O Heiland, reiß die Himmel auf«. Mitten in einem grausamen Krieg, in dem alle Ordnung durcheinander geriet und man sich an nichts mehr halten und auf nichts mehr verlassen konnte. In dieser dunklen Zeit schaut der Dichter auf zu Jesus Christus. Voller Sehnsucht bittet dieses Lied, dass Christus als Sonne aufgehen möge über unserem Leben und alle Finsternis vertreibe. Denn ohne den Schein Jesu Christi bleiben wir alle in Finsternis. Da sehen wir nur, was wir jeden Tag in der Zeitung lesen oder im Fernsehen anschauen. Aber diese Bilder von Härte und Grausamkeit machen uns eher krank. Jesus Christus ist die Sonne, die uns gesund macht, die unsere Angst vertreibt, die uns leben lässt mitten in einer Zeit, die zwar weit entfernt ist von der Trostlosigkeit des Dreißigjährigen Krieges, für viele aber dunkel genug, um sie niederzudrücken. Der Blick auf Jesus Christus, die wahre Sonne, richtet uns auf.

Der Tag ist nicht mehr fern

„Die Nacht ist vorgedrungen, der Tag ist nicht mehr fern. So sei nun Lob gesungen dem hellen Morgenstern. Auch wer zur Nacht geweinet, der stimme froh mit ein. Der Morgenstern bescheinet auch deine Angst und Pein." Der evangelische Autor Jochen Klepper, der mit einer jüdischen Frau verheiratet war, hat während des »Dritten Reiches« viele evangelische und katholische Christen berührt mit seinen Liedern, die schon unmittelbar nach Erscheinen gerne gesungen wurden. »Die Nacht ist vorgedrungen ..." Diese Nacht war für ihn sicher ein Bild für die politische Situation im Jahre 1938. Die Juden wurden verfolgt. Es galt kein Recht mehr. Doch die Nacht bleibt nicht ewig, so vertraute Jochen Klepper. Er erinnert an all das Leid, das er in der eigenen Familie erlebt hat und das er von den vielen Menschen kannte. Die Worte des Liedes sind nicht in eine heile Welt hinein gesprochen, und sie versprechen uns auch keine heile Welt. Doch mitten im Weinen dürfen wir vertrauen, dass Christus, der Morgenstern, aufgeht in unsern Herzen. Dann verlieren Angst und Pein ihre Macht. Sie haben uns nicht mehr im Griff. Sie wandeln sich im Licht des Morgensterns.

Das große Licht

Die wir in Todes Schatten
So lang gesessen sind
Und kein Erleuchtung hatten,
In Gottes Sachen blind,
Und kunnten nichts verstehen,
Nicht Gnaden noch Gericht,
Sehn über uns aufgehen
Anjetzt ein großes Licht.

Ein Licht, dadurch wir schauen
In Gottes Herz hinein,
Dass er in Zuvertrauen
Der unsre nun will sein,
Ein Licht, das heftig brennet
In unser Fleisch und Blut,
Dass sich ein Mensch erkennet
Und was für Sünd er tut.

Ein Licht, das plötzlich fähret
Tief in der Gräber Nacht
Und uns den Tod erkläret
Mit aller seiner Macht,
Das uns vor Augen malet,
Wie nichts sei Welt und Zeit,
Und wie vor allen strahlet
Der Glanz der Ewigkeit.

Simon Dach (1605–1659)

Simon Dach, der barocke Dichter geistlicher Lieder, bezieht sich in der ersten Strophe seines Gedichtes auf die Prophezeiung des Propheten Jesaja: „Das Volk, das im Dunkel lebte, hat ein helles Licht gesehen; denen, die im Schatten des Todes wohnten, ist ein Licht erschienen." (Jes 9,1) Der Evangelist Matthäus hat diesen Vers zitiert, um das Wirken Jesu zu beschreiben (Mt 4,16). An Weihnachten erstrahlt uns, die wir in Todes Schatten sitzen, in Jesus Christus ein großes Licht. Es bringt uns, die wir in Sachen Gottes blind waren, Erleuchtung. Wenn Gott uns als Licht aufstrahlt, wird unsere Seele hell. Und in diesem Licht schauen wir ins Herz Gottes hinein. An Weihnachten öffnet Gott sein Herz für uns, damit wir in es hinein sehen. Und wir erkennen im Herzen Gottes, dass er der unsre sein will, dass er hinabsteigt zu uns, um einer unter uns zu werden. Wenn er in Jesus unter uns weilt, dann geht uns das Geheimnis unseres Lebens auf. Aber wir erkennen in diesem Licht auch, dass wir an unserer Wahrheit und an Gott vorbei leben. Das Licht leuchtet sogar in die Finsternis des Todes hinein. Es ist stärker als der Tod. Und es zeigt uns, dass Welt und Zeit nichts sind im Vergleich zum Glanz der Ewigkeit. Es ist ein hoffnungsvolles Gedicht, das Simon Dach uns überliefert hat. Es stimmt uns ein auf das Geheimnis von Weihnachten als Licht, das all unsere Dunkelheit erleuchten wird, das bis in die Nacht des Grabes hinein leuchtet und alles, was uns Angst macht, erhellt und mit Liebe erfüllt. Dieses Licht nimmt uns alle Angst vor Sünde, Bedrohung und Tod.

Weihnachten

Die Geburt Jesu ist die Verheißung,
dass nicht alles beim Alten bleibt,
sondern dass die Welt neu wird durch eine Liebe,
die sich in Jesus Christus für immer
an diese Welt gebunden hat.

Weihnachten:
Unser Leben hat sich für immer verwandelt.
Gottes Licht leuchtet in unserer Finsternis.
Gott ist als Kind geboren, um unsere versteinerten Herzen
aufzubrechen – für die Freude und für die Liebe.
Dort, wo Gott in uns ist, entsteht ein heiliger und
lichter Raum. Und in diesem heiligen Raum
sind wir schon heil und ganz.
Da ist unsere Nacht, die sonst voller Angst und
Dunkelheit ist, still und heilig geworden.

Evangelium

In jenen Tagen erging ein Erlass des Kaisers Augustus, den ganzen Erdkreis in Steuerlisten einzutragen. Diese Aufzeichnung war die erste und geschah, als Quirinius Statthalter von Syrien war. Alle gingen hin, sich eintragen zu lassen, ein jeder in seine Stadt. Auch Josef zog von der Stadt Nazaret in Galiläa hinauf nach Judäa in die Stadt Davids, die Betlehem heißt. Denn er war aus dem Haus und Geschlecht Davids. Er wollte sich mit Maria eintragen lassen, seiner Frau, die schwanger war. Während sie dort waren, kam für Maria die Zeit ihrer Niederkunft, und sie gebar ihren Sohn, den Erstgeborenen, wickelte ihn in Windeln und legte ihn in eine Krippe, weil in der Herberge kein Platz für sie war. In derselben Gegend waren Hirten auf dem Feld, die bei ihrer Herde Nachtwache hielten. Da trat der Engel des Herrn zu ihnen, und die Herrlichkeit des Herrn umstrahlte sie, und sie fürchteten sich sehr. Der Engel aber sagte zu ihnen: Fürchtet euch nicht! Denn ich verkünde euch eine große Freude, die dem ganzen Volk zuteil werden soll. Heute ist euch in der Stadt Davids der Retter geboren, nämlich der Messias, der Herr. Und dies soll euch das Zeichen sein: Ihr werdet ein Kind finden, in Windeln gewickelt und in einer Krippe liegend. Und plötzlich war bei dem Engel eine Menge himmlischer Heerscharen, die Gott lobten und sprachen: Herrlichkeit in den Höhen für Gott und auf der Erde Friede den Menschen seines Wohlgefallens! Als die Engel von ihnen in den Himmel gegangen waren, sagten die Hirten zueinander: Lasst uns nach Betlehem gehen und sehen, was geschehen ist und was der Herr uns kundgetan hat. Sie kamen eilends hin und fanden Maria und Josef und das Kind, das in der Krippe lag. Als sie es sahen, berichteten sie von dem Wort, das ihnen über dieses Kind gesagt worden war. Und alle, die es hörten, wunderten sich über das, was ihnen von den Hirten erzählt wurde. Maria aber bewahrte alle diese Worte und erwog sie in ihrem Herzen. Die Hirten kehrten zurück, priesen und lobten Gott für alles, was sie gehört und gesehen hatten, so wie es ihnen gesagt worden war. (Lukas 2,1-20)

Licht der Weihnacht – Erhellung des Daseins

An Weihnachten hören wir in der Mitternachtsmesse den wunderbaren Text aus dem Buch Jesaja: „Das Volk, das im Dunkel lebt, sieht ein helles Licht; über denen, die im Land der Finsternis wohnen, strahlt ein Licht auf." (Jes 9,1) Wir können das Geheimnis von Weihnachten unter dem Aspekt des Lichtes betrachten. Die drei Evangelisten, die das weihnachtliche Geheimnis beschreiben, tun es alle mit dem Bild des Lichtes, doch jeder auf seine ganz persönliche Weise. Matthäus erzählt uns die Geschichte von den Magiern, die einen Stern gesehen haben und sich nun auf den Weg machen, um dem neugeborenen König zu huldigen, in dem die Weisheit von Ost und West verkörpert ist. Der Stern weist ihnen den Weg.

Als Jesus zum ersten Mal in Galiläa auftritt, da erfüllt sich für Matthäus die Verheißung des Propheten Jesaja: „Denn es sollte sich erfüllen, was durch den Propheten Jesaja gesagt worden ist: Das Land Sebulon und das Land Naftali, die Straße am Meer, das Gebiet jenseits des Jordan, das heidnische Galiläa: das Volk, das im Dunkel lebte, hat ein helles Licht gesehen; denen, die im Schatten des Todes wohnten, ist ein Licht erschienen." (Mt 4,14-16) Wenn Jesus predigt, wenn er Kranke heilt, dann schauen wir, die im Dunkel wandeln, ein Licht. Das Dunkel erinnert uns an den Tod. Alles in uns verdunkelt sich. Das Wort Jesu und seine Liebe, die in seinem heilenden Tun aufstrahlt, sollen in die Dunkelheit unserer Depression hineinstrahlen. Dann – so verheißt es uns der Evangelist – wird es auch in uns hell. Die Advents- und Weihnachtszeit lädt uns ein, die eigene Dunkelheit zuzulassen, in der Hoffnung, dass Christus auch unsere Dunkelheit erleuchtet und unsere Depression verwandelt in neue Hoffnung.

Der Evangelist Lukas deutet das Weihnachtsgeheimnis mit den Worten: „Durch die barmherzige Liebe unseres Gottes wird uns besuchen das aufstrahlende Licht aus der Höhe, um allen zu leuchten, die in Finsternis sitzen und im Schatten des Todes, und unsre Schritte zu lenken auf den Weg des Friedens." (Lk 1,78f) In Jesus Christus wird uns Gott selbst besuchen und unser Leben erhellen. Die Person Jesu Christi wird als Licht aus der Höhe zu uns kommen. Die Wirkung seines Lichtes ist, dass wir unsere Schritte auf den Weg des Friedens lenken. Das Licht zeigt sich als Friede mit uns selbst und mit der ganzen Welt. Die beiden Bilder, Licht und Frieden, verbindet Lukas auch in seiner Weihnachtserzählung. Im Engel umstrahlt der Glanz Gottes die Hirten. Und die lichtvollen Engel verkünden den Menschen Frieden auf

Erden. Dort wo Streit und Zwietracht herrschen, breitet sich Dunkelheit um die menschliche Seele. Das Licht von Weihnachten will unser zerrissenes Herz mit Frieden erfüllen. So sollen wir Weihnachten in der Hoffnung feiern, dass wir, die wir oft genug mit uns selbst im Streit liegen, wieder in Einklang kommen mit uns selbst. Viele verbinden Weihnachten mit der Sehnsucht nach dem Frieden. Der Friede entsteht nicht automatisch. Aber wenn wir das Licht Jesu in unser unversöhntes Herz strömen lassen, dürfen wir Frieden in uns erfahren.

Johannes beschreibt das Wort Gottes, das in Jesus Mensch geworden ist, als Licht, das in die Welt kommt: „Das wahre Licht, das jeden Menschen erleuchtet, kam in die Welt.“ (Joh 1,9) Und die Geburt Jesu sieht Johannes so: „Und das Wort ist Fleisch geworden und hat unter uns gewohnt, und wir haben seine Herrlichkeit gesehen, die Herrlichkeit des einzigen Sohnes vom Vater, voll Gnade und Wahrheit.“ (Joh 1,14) In diesem armen und hilflosen Kind in der Krippe und dann später in dem Menschen Jesus leuchtet Gottes Licht für uns auf. Jesus selbst wird sich in seiner Verkündigung mit dem Licht identifizieren: „Ich bin das Licht der Welt. Wer mir nachfolgt, wird nicht in der Finsternis umhergehen, sondern wird das Licht des Lebens haben.“ (Joh 8,12) Die Worte, die Jesus spricht, geben uns Orientierung. Rudolf Bultmann nennt die neue Erfahrung unseres Lebens durch die Begegnung mit Jesus Christus: „Erhellung des Daseins“. Auf einmal verstehen wir, wer wir sind. Wir können das Geheimnis unseres Lebens nicht mit Worten beschreiben. Aber auf einmal wird uns alles klar. In der

Tiefe unseres Herzens ist es hell geworden. Wir spüren, dass Gottes Licht in uns ist. Und dort wo Gottes Licht in uns leuchtet, vergeht alle Traurigkeit, da hat die Depression uns nicht mehr im Griff, da wird alle Verwirrung aufgelöst. Wir wissen in der Tiefe unseres Herzens, dass wir auf dem richtigen Weg sind und dass unser Leben von Gott selbst durchdrungen und erleuchtet wird.

Die frühe Kirche hat die Lichtsymbolik von Weihnachten aufgegriffen, in dem sie das Fest der Geburt Jesu mit dem römischen Fest des „sol invictus", des unbesiegbaren Sonnengottes, verbunden hat. Sie hat damit verkündet: Was die Römer im Bild der Sonne, die am 24. Dezember ihren Tiefpunkt erreicht hat und die nun von neuem aufgeht, ausdrücken wollten, das wurde in der Geburt Jesu erfüllt. Dort, wo in uns die Dunkelheit die größte Macht hat, wird Christus geboren als Licht für die Welt. Und dort wird alles von seinem Licht erleuchtet. Die Germanen hatten Angst vor den Nächten zwischen dem 24. Dezember und dem 6. Januar. Es waren die »Raunächte«, in denen man dachte, die Dämonen würden um die Häuser herumschwirren und den Menschen schaden. So haben sie ihre Häuser mit grünen Tannenzweigen geschmückt, um sich vor den Dämonen zu schützen. Die christlichen Missionare haben die Ängste der Germanen aufgegriffen und die Weihnachtsbotschaft in Bildern verkündet, die die Herzen der Zuhörer berührten.

Wir heute haben kaum Angst vor der äußeren Nacht. Ihre Dunkelheit können wir mit genügend Neonlampen erhellen. Aber in der Nacht unserer Seele nisten sich auch heute Ängste ein. Da lautet die frohe Botschaft von Weihnachten: Jesus ist als Licht auch in deine Nacht gekommen. Wo er ist, da wird alles hell. Da verschwinden die Dämonen, die das Dunkel brauchen, um uns Angst einzujagen. Dort, wo Christus in dir ist als das Licht, dort wird auch deine Nacht zur geweihten Nacht, zur »Weihnacht«. Wo Christus in dir ist, da bist du beschützt vor allem, was dich je bedrohen möchte.

Weihnachtsüberraschung

Gerade in Situationen, die wir verurteilen, kann Gott etwas schaffen, was unsere menschlichen Überlegungen durchkreuzt. Gott handelt oft genug überraschend, anders als wir es uns erwarten. Das zeigt sich in der Geburtsgeschichte, wie sie uns Matthäus erzählt. Der Stammbaum Jesu, von dem hier berichtet wird, ist voller Brüche und Unregelmäßigkeiten. Vier ausländische Frauen bringen den Stammbaum völlig durcheinander. Jesus heilt die Unheilsgeschichte seines Volkes. Aber wir dürfen den Stammbaum auch auf uns beziehen. Auch unsere Lebensgeschichte ist oft von Brüchen und dunklen Stellen gekennzeichnet. Wenn sie im Dunkeln bleiben – so sagt die Psychologie – dann wird unser Leben nicht gelingen, dann wird sich das Dunkle in unserer Familiengeschichte in unserer persönlichen Geschichte fortsetzen.

Matthäus beginnt die Erzählung der Geburt Jesu mit einem Konflikt. Josef gerät in einen Konflikt mit seiner Verlobten Maria, die schwanger ist, aber nicht von ihm.

Nach jüdischem Recht hätte er sie anklagen müssen und sie wäre gesteinigt worden. Doch Josef möchte nicht so sehr dem Buchstaben des Gesetzes gerecht werden, als vielmehr dem Menschen. Er verbindet Gerechtigkeit und Barmherzigkeit miteinander. Um seine Verlobte nicht zu verklagen und zu beschämen, möchte er sie in aller Stille entlassen.

Doch ein Engel deutet ihm im Traum das Geschehen: Maria ist nicht von irgendeinem Menschen schwanger, sondern durch das Wirken des Heiligen Geistes. Gott selbst wirkt in dem Geschehen, das Josef nicht versteht und das auch unser Verstehen übersteigt. Der Engel behandelt Josef wie einen Freund Gottes, den er einweiht in die Pläne, die Gott mit ihm und mit der Welt hat. Er zeigt ihm, welche Sendung sein Sohn haben wird. Er wird sein Volk von den Verstrickungen befreien, in die es geraten ist. Und er wird auch unsere Lebensgeschichte mit seinen Brüchen und Dunkelheiten heilen. Die Geburt Jesu aus Maria – so wie sie Matthäus versteht – will uns also die Augen öffnen, dass Gott auch auf krummen Zeilen gerade zu schreiben vermag.

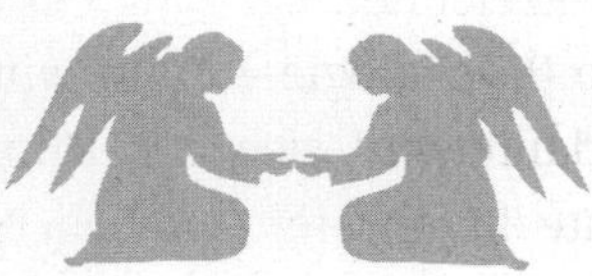

Träume werden wahr

Vier Träume berichtet uns Matthäus in der Geburtsgeschichte. In vier Träumen deutet der Engel dem Josef das Geschehen und zeigt ihm jeweils, was er tun soll. Und in den Träumen begleitet der Engel das Wachsen des göttlichen Kindes, damit es vor den äußeren Gefahren geschützt ist. Viermal deutet Matthäus das Geschehen durch den Bezug auf Worte des Propheten, die in Jesus in Erfüllung gehen. Das ist typisch für das Matthäusevangelium. Immer wieder bringt er die Formel: „Dies alles ist geschehen, damit sich erfüllte, was der Herr durch den Propheten gesagt hat." Als Jesus zum ersten Mal auftritt und seine neue Lehre verkündet, da erfüllt sich das Wort: „Das Volk, das im Dunkel sitzt, sieht ein großes Licht." Als Jesus Kranke heilt, erfüllt sich: „Er hat unsere Krankheiten weggetragen." Und wenn Jesus mit den Sündern isst und trinkt, wird Wirklichkeit, was der Prophet vom Knecht Gottes sagt: „Er wird das geknickte Rohr nicht zerbrechen."

Das erste Deutungswort ist: „Seht, die Jungfrau wird ein Kind empfangen, einen Sohn wird sie gebären, und man wird ihm den Namen Immanuel geben." In Jesus setzt Gott einen neuen Anfang. Da greift er selbst in unsere Geschichte ein. In der Geburt Jesu tritt Gott in unser Leben ein. Und er wird uns nicht mehr verlassen auf unserem Weg. Matthäus beschließt sein Evangelium mit dem Wort des erhöhten Jesus: „Seid gewiss: Ich bin bei euch alle Tage bis zum Ende der Welt." In Jesus hat Gott etwas in Gang gesetzt, das für ewige Zeiten bleibt. Wir werden nie wieder allein gelassen. Dieser Jesus, in dem

Gott mit uns ist, wird jeden einzelnen durch alle Konflikte seines Lebens hindurch begleiten, bis im Tod die Welt für ihn zu Ende kommt und er erfahren darf, dass auch im Tod Gott mit ihm ist.

Bei Matthäus haben die Träume um die Geburt Jesu eine entscheidende Bedeutung. Josef erkennt erst im Traum das Geheimnis seiner Braut und ihrer Schwangerschaft. Mit dem Verstand kann er nicht wahrnehmen, was da geschieht. Der Traum gibt ihm die richtigen Weisungen, wie er mit Maria und mit dem neugeborenen Kind umgehen soll. Auch die Magier hören auf ihre Träume. Der Stern und die Träume weisen ihnen den Weg zum neugeborenen Königssohn. Und im Traum erfahren sie, dass sie auf einem anderen Weg wieder heimkehren sollen.

Was an Weihnachten geschieht, ist wie ein Traum – kein Tagtraum, keine Illusion, sondern die Erfüllung all unserer Träume von einem erfüllten, neuen Leben. Unsere Träume sprechen die gleiche Sprache wie Matthäus und Lukas, wenn sie von der Geburt Christi berichten. In unseren Träumen gibt es Kinder, die uns auf das Neue hinweisen, das in uns aufbrechen möchte. Da gibt es Sterne, die am Himmel leuchten und vom Himmel zu uns herabsteigen und uns eine Botschaft vermitteln. Da gibt es Könige und Hirten, da gibt es Ochs und Esel. In unseren Träumen gibt es auch die Jungfrau, die ein Kind gebiert. Es wird uns unmittelbar von Gott geschenkt. Das heißt nicht, dass die Bibel nicht Geschehenes erzählt. Aber sie erzählt es in einer Sprache, die der unserer Träume ähnelt. Wenn wir wie Josef unseren Träumen trauen, dann verstehen wir auch das Geheimnis von Weihnachten. Dann brauchen wir nicht mit unserem Verstand zu grübeln, wie das denn wirklich war damals in Betlehem. Das ist nicht so wichtig. Was uns die Träume sagen, wird Wirklichkeit. Gott wird Mensch, unser Leben wird verwandelt. Da geschieht ein neuer Anfang und unsere Nacht wird auf einmal hell. Da singen Engel ihre Lieder.

Weihnachten heißt auch: Träume werden wahr. Wir dürfen unseren Träumen aufs Neue trauen. Träume sind nicht nur Schäume. Sie zeigen, was wirklich in uns geschieht. Es ist immer wieder eine Botschaft der Freude: Gott selbst schafft in dir etwas Neues. Du bist gottunmittelbar. Und wenn Gott tätig wird, heißt das auch: du musst nicht alles selbst erarbeiten und brauchst nicht alles von anderen zu erwarten. In dir ist die Jungfrau, die das göttliche Kind gebiert. In dir ist ein neuer Anfang. Das ursprüngliche Bild, das Gott sich in deiner Geburt von dir gemacht hat, strahlt mitten in der Nacht deines Lebens so hell auf wie ein Stern. Du bist etwas Einmaliges und Besonderes. Auch in uns geschieht das Wunder der Weihnacht.

Staunen und Wunder

Der Evangelist Lukas erzählt uns in der Weihnachtsgeschichte, dass die Hirten auf Geheiß des Engels zum Kind in der Krippe eilen und alles erzählen, was ihnen der Engel über dieses Kind gesagt hatte. „Und alle, die es hörten, staunten über die Worte der Hirten." (Lk 2,18) Staunen ist die eigentliche Reaktion, die Lukas in uns mit seiner Weihnachtserzählung hervorrufen möchte. Ein Nachdenken über dieses Staunen, führt weit über die Weihnachtsgeschichte hinaus. Es erschließt sich uns als ein Grundzug menschlicher Existenz.

Eigentlich waren es nur Maria und Joseph, die die Worte der Hirten hörten. Aber mit der Formulierung „alle, die es hörten" hat Lukas auch uns heute im Blick. Im Griechischen heißt es hier: „ethaumasan" (lateinisch: mirati sunt). Es kommt von thauma, das Wunder bedeutet. Und es hängt zusammen mit „theastai = schauen". Staunen hat für die Griechen immer mit dem Schauen zu tun. Ich schaue etwas Wunderbares, etwas, das ich noch nicht verstehen kann. Für Platon ist das Staunen der alleinige Grund aller Philosophie und Anfang und Ende alles Denkens. Das Verwundern treibt mich an, genauer hin zu sehen und das Geheimnis des Geschauten zu verstehen. Denken mündet im Staunen und Bewundern. Die christliche Philosophie hat diese Hochschätzung des Staunens von Platon übernommen. Wer nichts mehr bestaunen kann, wer nicht mehr aufschauen kann zu etwas Größerem, der verarmt innerlich. Das Staunen macht den Menschen in seiner Seele reich. Wer an Weihnachten alles schon weiß, wer nicht mit Staunen auf das Kind in der Krippe schaut, an dem geht das Geheimnis dieses Festes vorbei. An dem geht aber auch das Leben vorbei.

Lukas, der sein Evangelium bewusst als Antwort auf die Sehnsucht der griechischen Philosophie schreibt, benutzt öfter als alle anderen Evangelisten das Wort „thaumazein". Die Leute staunen über die Wunder Jesu. Aber sie staunen auch über seine Worte, die so ganz anders von Gott und vom Menschen sprechen. In der Kindheitsgeschichte gebraucht Lukas dieses Wort viermal. Die Leute wundern sich, dass Zacharias so lange im Tempel bleibt. (Lk 11,21)

Die Verwandten und Nachbarn staunen, als Zacharias den Namen des Johannes auf eine Tafel schreibt. (Lk 1,63) Die Eltern staunen über die Worte der Hirten. (Lk 2,18) Und: „Sein Vater und seine Mutter staunten über die Worte, die über Jesus gesagt wurden“ (Lk 2,33), als Simeon über das Kind weissagte. War für die griechische Philosophie das Staunen der Anfang alles Philosophierens, so ist für Lukas das Staunen der Anfang aller Theologie. Alles Verstehen des Geheimnisses Jesu beginnt mit dem Staunen. Im Staunen bin ich offen für das Wunder, das mir begegnet, für das Unerklärliche, Unbegreifliche. Ich will es gar nicht in Begriffe fassen, sondern öffne mich dem Geheimnis, damit es in mich eindringen und mich verwandeln kann.

Für den Psychologen Peter Schellenbaum ist das Staunen die Haltung des Mystikers. In seinem Buch „Im Einverständnis mit dem Wunderbaren“ versteht er das Wunderbare als Chiffre für das Geheimnis des Seins, letztlich für das Göttliche. „Alles Neue fängt mit dem Wunder einer Offenbarung an, aber einer Offenbarung, die keinen Glaubensakt, sondern bloße Aufmerksamkeit fordert.“ Das Wunderbare ergreift uns und „verströmt den Glanz einer unmittelbar erfahrenen Wahrheit“. Das Staunen ist die Voraussetzung, dass etwas Neues in uns beginnen kann, dass wir heraus kommen aus den alten Lebensmustern. Das ist ja auch der Sinn von Weihnachten: dass Gott mit uns einen neuen Anfang feiert. Das gelingt offensichtlich nur, wenn wir vor dem Wunder der Geburt Jesu staunend stehen bleiben.

Das deutsche Wort „staunen“ kommt von „starren, im Lauf hemmen, erzittern“. Es meint also ein Betroffensein.

Das, wovor ich staunend stehen bleibe, erfasst mich bis ins Innerste. Es berührt mich. Mit dem Staunen verbindet sich Ehrfurcht vor dem Leben und Dankbarkeit. Das Staunen öffnet mich für die Frage nach Gott. Ich schaue so auf das Sichtbare, dass das Unsichtbare darin aufscheint und mich ergreift. So ist Staunen die Voraussetzung des Glaubens: Ich begnüge mich nicht mit dem Oberflächlichen. Ich schaue vielmehr als jemand auf diese Welt, der sich davon berühren und über sich und das Gewohnte hinaus führen lässt.

So wünsche ich Ihnen, dass Sie in der Advents- und Weihnachtszeit das Staunen wieder lernen. Schauen Sie auf das, was Sie schon längst kennen – auf die Krippe, auf den Stern, auf Maria und das Kind, auf die Engel, auf die Magier – mit Staunen, so als ob Sie es noch nie gesehen und noch nie verstanden hätten. Vielleicht öffnet sich dann Ihr Herz und etwas Neues ergreift es: das Geheimnis der Liebe Gottes, die in diesem Kind für uns sichtbar erschienen ist und uns verwandeln möchte.

Ich wünsche Ihnen, dass Sie in dieser weihnachtlichen Zeit die Welt wieder mit den Augen eines Kindes sehen können. Kinder können staunen. Sie sind offen für das Neue. Sie wollen lernen, selbst erkunden, was das Leben ist. Sie verlassen sich nicht nur auf andere. Kinder lassen sich ein. Sie können sich selbst vergessen. Sie sind fähig, sich von ganzem Herzen zu freuen.

Sie können ganz im Augenblick sein, ohne sich von Zwängen und Erwartungen stören zu lassen.

Sie gehen mit offenem Herzen auf die Menschen zu, ohne Nebenabsichten, ohne Vorurteile. Sie trauen ihrem Gefühl. Sie tun das, was sie von innen her erspüren.

Weihnachten lädt uns ein, wieder zu werden wie ein Kind.

Feier einer Geburt

Wir feiern an Weihnachten eine Geburt, die Geburt des göttlichen Kindes, aber auch unsere eigene Geburt. Die Geburt eines Kindes ist seit jeher ein Geheimnis für die Menschen gewesen. Das deutsche Wort Geburt kommt von gebären, das „tragen, hervorbringen, zur Welt bringen", aber auch „ertragen, aushalten" bedeutet. Mit dem Wort Geburt sind auch „Bahre" und „Bürde" verwandt. Hier zeigt schon die Sprache an: Geburt und Tod gehören zusammen. Wir werden geboren, um zu sterben. Und Sterben heißt zugleich: neu geboren werden. In den frühen Darstellungen der Geburt Jesu ist Maria immer erschöpft vor Schmerzen. Seit dem 14. Jahrhundert konnten sich viele Fromme nicht mehr vorstellen, dass Maria Jesus genauso unter Schmerzen geboren hat wie jede andere Frau. So beschreibt der Verfasser der „Meditationes Vitae Christi", ein Franziskaner, Maria habe sich bei der Geburt an eine Säule gelehnt, und das Kind habe den Mutterleib ohne Schmerzen verlassen. Ähnlich hat es die hl. Birgitta in einer Vision gesehen. Es ist verständlich, dass die Menschen mit der Geburt Christi auch die Hoffnung verbunden haben, dass es doch auch eine Geburt ohne Schmerzen geben müsse, dass Gott selbst den schmerzlichen Prozess unseres eigenen Geborenwerdens verwandeln möge.

Zu unserem Geburtsvorgang gehören Einsamkeit, Fremde, Nacht, Schmerzen. Immer wenn in uns etwas Neues geboren wird, tut es zuerst weh. Wir möchten so weiterleben wie bisher. Wir möchten das Neue im Leib zurückhalten. Wir spüren zwar, dass wir schwanger sind, dass sich da etwas Neues anbahnt. Aber wir haben Angst davor, dass das Neue durchbricht. Es könnte ja nicht verstanden werden. Es könnte das Schicksal des göttlichen Kindes teilen, für das kein Raum in der Herberge war. Wir wissen nicht, wie sich das Neue anfühlt. Wir spüren nur, dass das Alte so nicht mehr weitergeht. Zugleich aber liegt in der Geburt die Verheißung, dass alles in uns neu wird. Das ist die eigentliche Verheißung von Weihnachten: Neues Leben entsteht in uns. Es ist bei der Geburt noch ganz zart. Aber es wird sich genauso kraftvoll in uns durchsetzen wie das Kind in der Krippe.

Das Bild von der Geburt meint auch: Wir müssen nicht alles erarbeiten, Gott selbst wirkt in uns Neues. Die Bibel sagt uns, dass wir immer wieder neu geboren werden müssen, dass wir schmerzliche und lustvolle Geburtsvorgänge unser Leben lang erfahren werden, bis wir im Tod für immer in Gott hinein geboren werden. Erinnern wir uns an das Wort Jesu zu Nikodemus: „Wenn jemand nicht von neuem geboren wird, kann er das Reich Gottes nicht sehen" (Joh 3,3). Ohne Neugeburt sind wir unfähig, zu dem zu werden, zu dem Gott uns berufen hat. Ohne Neugeburt können wir das Reich Gottes nicht schauen, können wir nicht eins werden mit

Gott, können wir nicht zu uns selbst kommen. Reich Gottes heißt ja, dass Gott in uns herrscht, dass wir ganz frei sind von Menschenmacht und ganz wir selber sind. Auf unserem spirituellen Weg bedarf es immer wieder der Neugeburt, in der alte Muster zerbrechen und das reine und ursprüngliche Bild Gottes in uns klarer hervorkommt. Bei der Geburt sind wir noch nicht getrübt durch die Bilder und Erwartungen, die andere uns überstülpen. Wir sind noch das reine und ursprüngliche Bild, das Gott sich in uns ausgedacht hat. Wir sind noch frei, die Zukunft selbst zu gestalten. Unser Leben liegt noch vor uns. Es ist wie eine Landschaft, die im Neuschnee liegt. Wir sind frei, unsere ureigenste Spur einzugraben.

Weihnachten heißt also: Gott ist nicht als erwachsener Mensch zu uns gekommen, sondern er wird als schwaches und hilfloses Kind aus dem Schoß einer Frau geboren. Das Kind ist auf die Hilfe seiner Mutter und seines Vaters angewiesen. Es erfährt Liebe, Zuwendung, Zärtlichkeit. So wächst es langsam heran. Einem Kind darf man sich nicht laut nähern. Nur wer leise ist, wird seinem Wesen und seinem Geheimnis gerecht. Du kannst über Gott nicht mit lauten Worten sprechen, sondern nur so zart und leise wie zu einem Kind. Einem Kind führst du keine klugen Reden, du gebrauchst nur Worte, die aus dem Herzen kommen. So wirst du Gott nur begegnen, wenn du ihm dein Herz öffnest.

Ein Kind in der Krippe

Den Hirten verkündet der Engel: „Ihr werdet ein Kind finden, in Windeln gewickelt, in einer Krippe liegend" (Lukas 2,12). Während die Menschen ihre Häuser vor dem göttlichen Kind verschließen, treten die Tiere ihre Krippe ab. Sie spüren, dass da das Geheimnis einer Geburt geschieht, dass eine Mutter eine Liegestelle für ihr Kind braucht. Es gibt zahlreiche Märchen, in denen einem Menschen der Besuch Gottes angekündigt wird. Der Mann oder die Frau richten eifrig ihr Haus her und kochen das Beste, das sie zu bieten haben. Dann warten sie den ganzen Tag auf das Kommen Gottes. Doch Gott kommt nicht. Stattdessen schaut ein armer Straßenjunge vorbei. Er wird weggeschickt, weil er die schön hergerichtete Tafel durcheinander bringen würde. Ein Bettler erscheint. Auch er wird abgewiesen, da er den Besuch Gottes stören würde. Und auch die alte, hilfsbedürftige Frau bekommt nichts von den vielen Speisen. Voller Enttäuschung geht der Mann oder die Frau zu Bett. Und im Traum erscheint Gott und zeigt auf, dass er dreimal gekommen sei, aber immer wieder abgewiesen wurde. Menschen, die mit ihrer instinkthaften Seite in Berührung sind, überlegen nicht lange. Sie nehmen den auf, der gerade Hilfe braucht. Und dann dürfen sie erfahren, dass es Gott war, dem sie ihr Haus geöffnet haben.

Das Kind wird nicht im Palast geboren, sondern im Stall. Es ist hilflos und braucht menschliche Zuwendung, es muss gestillt und genährt werden. Wenn wir auf das Kind in der Krippe schauen, ahnen wir, wie Gottes Traum von uns aussieht: Gerade dort, wo wir uns unverstanden und abgelehnt und ausgestoßen fühlen, dort will Gott in uns geboren werden. Dort, wo wir nicht hinschauen wollen, im Bereich unserer Triebe, in den Abgründen unserer Seele, dort, wo es in uns kalt und hart ist, dort steht in uns die Krippe bereit, in die Gott seinen Sohn legen will, damit er auch in uns geboren wird. Damit wird er für uns zum Messias, der uns befreit aus dem inneren Gefängnis unserer Zwänge und unserer Idealbilder, um uns zu retten, zu befreien zu dem Menschen, den Er sich von uns erträumt hat.

Im göttlichen Lichtglanz

In derselben Gegend waren Hirten auf dem Feld,
die bei ihrer Herde Nachtwache hielten.
Da trat der Engel des Herrn zu ihnen,
und die Herrlichkeit des Herrn umstrahlte sie,
und sie fürchteten sich sehr. (Lukas 2,8-9)

Als das Kind im Stall zu Betlehem geboren ist, unbeachtet von anderen Menschen, da kommt ein Engel des Herrn vom Himmel herab. Er kommt nicht zu den Bewohnern von Betlehem, sondern zu den Hirten auf dem Feld, die Nachtwache hielten. Der Engel kommt zu denen, die wachen. Das Bild der Hirten ist ambivalent. Zur Zeit Jesu sehen manche Frommen in den Schafhirten unzuverlässige Menschen, Lügner und Betrüger, sie galten nicht viel in frommen Kreisen. Andererseits ist der »Hirte« ein uraltes Bild des Königtums, das in der Bibel auf Gott und den von ihm gesalbten König übertragen wird. So gibt es in der jüdischen Tradition auch die Ankündigung des Propheten Micha, dass der messianische Hirte in Betlehem geboren wird (Micha 5,1). Und bei den Griechen waren es immer Hirten, die die Geburt eines außergewöhnlichen oder göttlichen Kindes bezeugten.

Ganz gleich, welches Hirtenbild Lukas hatte, er zeigt uns, dass der Engel als Licht erscheint, als Glanz. Das griechische Wort für die »Herrlichkeit des Herrn«, doxa, kann auch Licht-Erscheinung bedeuten. Das entsprechende hebräische Wort weist auf die Gewalt und Kraft des Lichtes hin. Es ist der Lichtglanz Gottes, der im Engel aufleuchtet. Ein mächtiges Licht, das in den Hirten Furcht auslöst - der Engel ist nicht immer so harmlos, wie wir es in manchen Bildern ausdrücken: ein gewaltiger Glanz, ein verzehrendes Feuer, ein starker Lichtglanz, der blendet.

Mitten in der Nacht leuchtet der Glanz des Engels auf. Er erscheint denen außerhalb der Stadt, außerhalb der menschlichen Gemeinschaft. Er begegnet denen, die besonders der Natur nahe sind, nahe an den Tieren, die sie hüten. Die Hirten halten Nachtwache bei ihren Herden. Sie vertreiben sich die Zeit durch Erzählungen, oder aber sie dösen dahin und wärmen sich in der kalten Nacht am Feuer. Es ist ein friedliches Bild, das diese wachenden Hirten abgeben. Aber diese Idylle wird gestört durch den Einbruch des mächtigen Lichtes. Die Hirten wissen nicht, wie ihnen geschieht. Weil sie wach sind, nehmen sie das Licht wahr - doch verstehen können sie es nicht. Aber sie lassen sich von dem Licht berühren, bis ins Herz treffen. Ja, sie lassen sich den Schrecken in die Knochen fahren. Mit ihrem ganzen Leib stellen sie sich dieser neuen Erfahrung. Der griechische Text der biblischen Erzählung betont das, wenn es wörtlich heißt: »Sie fürchteten sich mit großer Furcht«. Sie bleiben nicht Beobachter. Sie lassen sich hineinziehen in das Geschehen, das Gott in dieser Stunde gewirkt hat.

Der Engel kann auch uns manchmal als Lichtgestalt erscheinen. Wir sehen auf einmal ein Licht aufleuchten, mitten in der Nacht, manchmal im Traum, manchmal im Wachzustand. Wir können dann nicht in der Zuschauerrolle bleiben und das Licht von einer sicheren Distanz aus betrachten. Wir werden betroffen von dem Licht. Es will uns etwas sagen.

Das Licht verwandelt unser Leben. Wir können nicht mehr so bleiben wie zuvor. Wer einmal so betroffen ist, der kann nicht zur Tagesordnung übergehen, sondern muss sich dem Licht stellen, er muss sich vom Engel des Lichtes etwas sagen lassen. Dann könnte auch sein Leben sich erhellen. Er würde mitten in der Nacht seines Lebens durchblicken. Er würde einen Sinn entdecken mitten in der Dunkelheit, die ihn umgibt.

Das Licht löst einen Prozess der Umkehr aus. Wenn der Engel uns als Licht erscheint, dann bleibt nichts mehr, wie es war. Alles wird erhellt. Wir schauen mit einem neuen Blick auf das Licht und im Schein des Lichtes auf das, was wir in unserem Alltag tun.

Große Freude

Fürchtet euch nicht!
Denn ich verkünde euch eine große Freude,
die dem ganzen Volk zuteil werden soll.
Heute ist euch in der Stadt Davids
der Retter geboren, der Messias, der Herr. (Lukas 2,10–11)

Die Begegnung mit dem Engel ist eine so berührende Erfahrung, dass sie immer zuerst Furcht auslöst. Furcht bedeutet nicht Angst, sie ist vielmehr die Haltung, die uns für eine neue Erfahrung öffnet, für eine Erfahrung, die uns ganz und gar berührt, vor der wir nicht ausweichen können. Furcht meint, dass die Hirten von der Erscheinung des Engels in ihrem Innersten betroffen werden. Sie bleiben nicht bloße Zuschauer oder Beobachter. Sie werden hineingezogen in ein heiliges Geschehen. Ihre Reaktion darauf ist, dass sie sich fürchten vor dem Großen und Geheimnisvollen, das ihnen im Engel begegnet. Diese Furcht bricht sie auf für das Unbekannte und Unvorhergesehene. Es macht sie offen für etwas völlig Neues. Das, was jetzt geschieht, ist nicht einfach irgendeine Neuigkeit, die ihnen jemand ankündigt. Es ist der Einbruch Gottes in ihre Welt. Gott vermag uns in die Knochen zu fahren. Er bringt unsere alten Sicherheiten durcheinander. Aber gerade so öffnet er uns für das Neue, das er in unser Leben bringt. Erst in dieser Verunsicherung und zugleich in der großen Offenheit, die die Furcht in ihnen bewirkt, vermögen die Hirten die Botschaft des Engels mit ihrem ganzen Herzen in sich aufzunehmen. Furcht und Freude scheinen uns Gegensätze zu sein. Und doch gehören sie eng zusammen. Die Furcht als die Reaktion der Betroffenheit öffnet uns für eine tiefe Erfahrung der Freude. Es ist keine billige Freude, sondern eine Freude, die unser Leben von Grund auf verwandelt. Freude – so sagt uns die Psychologie - ist eine gehobene Emotion. Sie bewegt unser Herz. Sie hebt es empor. Sie lässt es höher springen. Und sie macht es weit. Angst engt ein, die Freude weitet.

Der Engel, der als Licht erscheint, fordert die Hirten nicht etwa auf, dass sie sich freuen sollen – er verkündet ihnen die Freude. Die Freude wird für die Hirten erfahrbar in dem Licht. Sie weitet das Herz so wie das Licht. Das Herz wird von Licht und von Freude erfüllt, beides gehört zusammen. Die Freude, die der Engel verheißt, gilt nicht nur den Hirten, die sie als Erste spüren, sondern dem ganzen Volk. Es ist etwas eingebrochen in diese Welt, das das ganze Volk mit Freude erfüllen und es verwandeln soll. Die Künstler haben diese Freude in der Gestalt des Engels dargestellt. Wenn wir die Bilder anschauen, in denen der Engel den Hirten die frohe Botschaft verkündet, so erfüllen sie auch uns mit Freude. Wir können diese Bilder nicht anders anschauen als mit einem frohen Herzen.

Und dann erklärt der Engel den Grund der großen Freude. »Heute ist euch in der Stadt Davids der Retter geboren; der Messias, der Herr« (Lukas 2,11). Lukas deutet in diesen drei Worten das Geheimnis der Geburt Jesu Christi. Die drei Worte »Retter - Messias - Herr« drücken das Geheimnis dieses Kindes aus und das Geheimnis des ganzen Evangeliums, das diese drei Worte deutet und zur Entfaltung bringt. Im Wort »Retter« schwingen alle Sehnsüchte der damaligen Menschen mit, seien es Juden, seien es Griechen. Der Retter ist der Befreier und der Heiler, der

Schützer und der Hüter. Das Licht, das die Hirten umgibt, ist ein Bild des schützenden, behütenden und heilenden Retters, den der Engel nun mit Worten verkündet.

Im Licht ist die Botschaft schon erfahrbar: Das Evangelium wird Jesus als den zeigen, der unsere Wunden heilt, der uns herausführt aus Gefangenschaft und Enge, der uns von unseren inneren Fesseln befreit, der uns rettet aus allen Nöten und der uns mit seiner Liebe einen schützenden Raum schafft, in dem wir uns behütet wissen. Der Retter, auf den die Menschen seit je warten als auf den, der alles gut macht, der sie glücklich macht, ist zugleich der »Gesalbte«, der Messias oder Christus. Im Wort »Messias « verdichten sich alle Sehnsüchte des jüdischen Volkes. Es ist die Sehnsucht nach Freiheit, die Sehnsucht, dass Gott einen neuen Anfang setzt, dass Gott an seinem Volk handelt. Immer wieder hat Israel in seiner Geschichte darunter gelitten, dass Gott sich scheinbar zurückgezogen hat.

Der Messias steht für Gottes Eingreifen in die Geschichte. Gott verlässt sein Volk nicht, er handelt von Neuem an ihm, heilend und befreiend. Im Wort Herr, »Kyrios«, werden die Sehnsüchte der antiken Griechen angesprochen. Gott ist »der Herr«. Die Welt ist nicht von weltlichen Herren beherrscht, sondern von Gott. Gott ist der eigentliche Herrscher, auch wenn das oft nicht sichtbar ist. Wenn in dem Kind in Betlehem nun der Herr geboren wird, dann soll in diesem Zeichen sichtbar werden, dass Gott die Herrschaft wieder an sich zieht, dass sich auch auf dieser Welt etwas ändern wird. Die Herrschaft der Mächtigen geht zu Ende. Sie wird zumindest relativiert. Dass in diesem kleinen Kind Gott der Herr erscheint, das drückt der prophetische Lobpreis aus, den Maria im Magnifikat gesungen hat: »Gewaltige hat Gott vom Thron gestürzt und Niedrige erhöht. Hungrige hat er erfüllt mit Gütern und Reiche leer davongeschickt« (Lukas 1,52-53).

Indem der Engel diese Botschaft verkündet, wird die Freude, die sein Erscheinung auslöst, begründet. Wenn die Hirten den Worten Glauben schenken, dann hat ihre Freude ihren Grund nicht nur in der Lichterscheinung, sondern in der Deutung des Geschehens. Die Geburt Jesu als des Retters, Messias und Herrn ist der wahre Grund ihrer Freude. Und diese Freude soll sich nun ausbreiten im ganzen Volk. Die Hirten sind die Ersten, denen die Botschaft gilt, sie werden vom Rand aus in die Stadt gehen und von ihnen wird etwas ausgehen, das die ganze Welt verändert. Die Hirten wurden dann in der frühen Kirche zum Bild für die Verkünder des Evangeliums: Sie sind die »Pastoren«, Hirten, die die Frohe Botschaft den Menschen weitersagen sollen, eine Botschaft, die alle Angst nehmen will und die darin gipfelt, dass in Jesus der wahre Heiland geboren ist, der unsere Wunden heilt, der uns befreit und der uns einen Raum schafft, der frei ist von den Herrschern dieser Welt.

Sandro Botticelli hat in einer berühmten Darstellung der »Geburt Christi« den Engeln, die die Freude verkünden, kein Spruchband gegeben auf dem er die Botschaft in Schriftform fasst. Er drückt die Freude, die die Engel auf seinem Bild verkünden, nicht mit Worten aus, sondern im Tanz. Er lässt die Engel einen Reigentanz aufführen. So wird die Freude auf diesem Bild, wie wir das auch in den Weihnachtsbildern anderer Künstler sehen, sichtbar: Unten im Bild geschieht die Geburt. Oben auf dem Dach und noch weiter oben, dort, wo der Himmel sich über dem irdischen Geschehen öffnet, tanzen die Engel.

Der Tanz der Engel deutet das Geschehen. Was in der Geburt Jesu, mitten in ärmlicher Umgebung, geschieht, das bringt den Menschen eine große Freude. Die Engel laden die Beschauer ein, mitzutanzen im Tanz der Freude, sich von ihrer Freude anstecken zu lassen. Wenn wir uns den Engeln anvertrauen und mit ihnen tanzen, dann wird die Freude in uns spürbar. Und indem wir die Freude zulassen, erkennen wir auch das eigentliche Geheimnis, das da auf dem Bild dargestellt wird. Im Tanzen wächst die Freude, und in der Freude wächst die Erkenntnis über das, worüber wir uns freuen sollen.

Indem wir immer mehr erkennen, was da in der Geburt des göttlichen Kindes geschehen ist, wird die Freude immer mehr vertieft. Tanzen, sich freuen, erkennen und sich noch mehr freuen, das ist der Reigen, zu dem uns die Engel einladen.

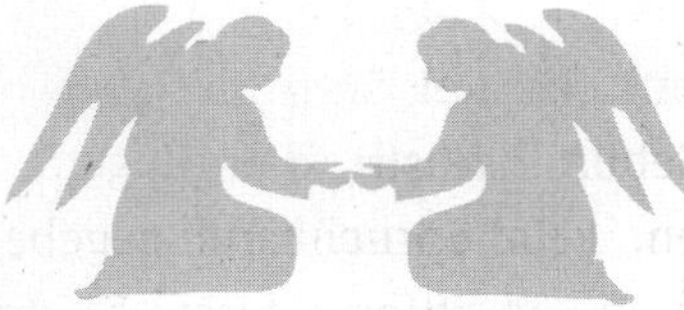

Die Motive der Weihnachtszeit

Der Stall

Gott ist in einem Stall als Kind geboren worden. In diesem Bild wird deutlich, wie revolutionär die Botschaft von Weihnachten ist. Viele Christen, welche die trauten Weihnachtsbilder betrachten, merken nicht, wieviel Zündstoff darin steckt. C.G. Jung weist öfter darauf hin, der Mensch solle immer daran denken, dass Christus im Stall geboren wurde. Für ihn ist das ein Symbol dafür, dass Gott auch in uns nur geboren werden kann, wenn wir den Mut haben, den "Stall in uns" anzuschauen. Er ist ein Bild für das Unaufgeräumte, das Chaos in uns, für das, was nicht gut riecht, was uns peinlich ist, was wir am liebsten vor uns selbst und vor dem anderen verbergen würden. "Es hätte wohl dem Geschmacke vieler besser entsprochen, wenn er (Christus) im Tempel zur Welt gekommen wäre."

Die Weihnachtsbilder der großen Meister haben die Geburt Christi mitten in das ärmliche Leben von Menschen am Rande ihrer jeweiligen Gesellschaft gemalt. In der zerfallenen Hütte, im ärmlichen Stall, im Unscheinbaren, im Armen, da wird Gott geboren. Das göttliche Kind liegt in manchen Bildern auf dem blanken Boden, es ist ausgesetzt auf dieser Erde.

Wir feiern Weihnachten aber nicht bloß, um die Gottesgeburt in unserem Herzen zu erfahren, sondern um Gott in den „Ställen“ dieser Welt zu finden. Weihnachten will die Blickrichtung unserer

Augen verändern. Nicht nur im trauten Heim, in dem der Weihnachtsschmuck Gottes Nähe widerspiegelt, sondern am Rande unserer Gesellschaft will uns Gott aufscheinen. Im Antlitz der flüchtenden Menschen sollen wir Gottes Antlitz erkennen und in ihnen ausgesetzte, göttliche Kinder sehen, die wie wir auf dem Weg sind zu dem Ort, wo wir für immer daheim sind. Wie die Hirten von Betlehem sollen wir uns aufmachen, um das göttliche Kind im Stall zu suchen, es dort zu suchen, wo es heute in der Fremde geboren wird.

Weihnachten ist die Verheißung, dass Gott im Chaos unseres Stalls sein göttliches Leben aufblühen läßt und er die Trümmer unseres zerbrochenen Lebens neu zusammensetzt und als herrliche Gottesstadt wieder aufbaut. Und Weihnachten ist die Ahnung, dass für uns ausgesetzte, göttliche Kinder mitten in der Fremde Heimat entsteht. Dort, wo Gott in unserem Stall geboren wird, dort, wo das Geheimnis mitten im Durcheinander unseres Lebens wohnt, können wir uns daheim fühlen. An Weihnachten können selbst Menschen, die sich einander das Leben schwer machen, erahnen, dass in ihrem Haus etwas von dem anderen Zuhause erfahrbar wird, wo sie wirklich hingehören; von der ewigen Heimat, die uns heimatlosen Wanderern in Christus aufleuchtet.

Jeder von uns verbindet mit dem Stall andere Erfahrungen und Gefühle. Im Stall sind Tiere, die einfach da sind. Da ist Leben, da geschieht immer wieder Geburt, aber da ist auch Sterben, da sind auch Sorgen. Im Stall ist der Alltag mit seinen Höhen und Tiefen. Kinder spüren eine Nähe zu den Tieren. Die Tiere lassen sich streicheln, lassen etwas an sich geschehen. Sie sind geduldiger als

Menschen. Sie hören zu, was die Kinder ihnen erzählen. Und im Stall ist immer gleichmäßige Wärme. Die Tiere wärmen auch im Winter den Stall mit ihrer Körpertemperatur. Der Stall ist nicht blank geputzt. Da liegen Mist und Unrat, vermischt mit Stroh und Heu. Der Stall wird zwar immer wieder gereinigt. Aber stets sammelt sich von neuem der Mist an. Der Mist dient als Dung für die Felder. Das ist ein Bild für unser Inneres: Auch unser Herz ist nicht rein und sauber, nicht keimfrei. Da hat sich so mancher Unrat angesammelt. Alles, was wir verdrängt haben, liegt da unter der Oberfläche verborgen und fault vor sich hin.

Und gerade dort, wo all der „Mist" in uns liegt, will Gott in uns geboren werden. Wir können Gott keine saubere Stube anbieten, sondern nur den schmutzigen Stall unseres Herzens. Das ist uns peinlich. Aber es befreit uns von dem Wahn, als ob wir die Gottesgeburt durch Perfektion verdienen müssten. Gott will in uns geboren werden, weil er uns liebt, nicht weil wir ihm etwas vorweisen können. Wir dürfen darauf vertrauen, dass gerade so, wie wir sind, für Christus Wohnstatt sein dürfen, der Stall, in dem er für uns und für diese Welt geboren wird.

Lichtumstrahlt

Zum Weihnachtsfest gehört es für mich, dass ich die Weihnachtsbilder der Künstler in mich einbilde, damit durch ihre heilenden Bilder alle krank machenden Bilder aus mir vertrieben werden und das Licht Christi alles in mir erhellt. Das lichtumstrahlte Christkind gehört zu diesen Bildern, die sich uns eingeprägt haben. Die heilige Birgitta von Schweden (1303–1373) beschreibt in einer Vision, wie Christus als Kind auf der Erde des Stalles liegt und ein »unsagbares Licht ausstrahlte … Das göttliche Licht überstrahlte völlig den irdischen Kerzenschein«. Von dieser Vision ließen sich die Maler des 15. Jahrhunderts anregen. Sie malen das Kind, wie es nackt auf der Erde liegt und alles mit Licht umstrahlt. Josef hält eine Kerze vor sich hin; aber ihr Schein tritt zurück hinter dem Licht, das vom Kind ausgeht. Später haben dann vor allem niederländische Maler die Weihnachtsszene so gemalt, dass das Kind die einzige Lichtquelle ist. In der Barockzeit liebte man den Hell-Dunkel-Kontrast; dort sehen wir, wie das Licht, das vom Kind ausgeht, nicht nur die Gesichter der Beschauer, sondern auch die Umgebung erleuchtet. Oft wird der Stall auf diesen Bildern zur Ruine, in der die Maler ausdrücken, dass Gott durch die Geburt seines Sohnes alles, was in uns zerstört und zerbrochen ist, wieder heilen wird. Es ist ein heilsames, liebevolles Licht, das von dem Kind im Stall ausgeht.

Weihnachtsstern

Sterne sind Sinnbild menschlicher Sehnsucht. Sie leuchten in der Nacht, und sie strahlen über dem ganzen Erdkreis. Sie sind Symbole der Hoffnung und der universalen Einheit der Menschheitsfamilie. Seit jeher waren die Menschen fasziniert vom hellen Licht des Morgen- und Abendsterns. Am eindrücklichsten erzählt die Weihnachtsgeschichte von diesem Bild. Die Magier haben einen Stern gesehen und lassen sich von ihm leiten. Ein wunderbares Sternenbild wurde in der Antike als Zeichen der Ankunft des ersehnten Messias verstanden. In Qumran wurde das Kommen des Messias mit dem Aufgehen eines Sternes verglichen: "Es wird sein Stern am Himmel strahlen gleich einem König."

Die Kirchenväter nehmen diese kosmische Erfahrung des Sterns auf und beziehen sie auf Christus. Das Licht des Sternes hat ja einen eigenen Glanz. Die Sprache der Liebe läßt uns erahnen, was an Weihnachten geschieht: Da leuchtet uns in Christus ein Stern auf an unserem nächtlichen Himmel. Da bringt Christus durch seine Liebe Licht in unsere Dunkelheit. Der Stern, der am Himmel steht, verweist uns auf den Vater, der im Himmel ist. Er ist Bild unserer Sehnsucht nach dem ganz anderen. Was wir am Himmel sehen, das ist aber immer auch eine Wirklichkeit in uns. Wir sprechen von dem Stern, der am Horizont unseres Herzens aufgeht, wenn wir mit unserer Sehnsucht in Berührung kommen, und wir spüren, dass unser Herz weit über alles Alltägliche hinausreicht, bis in die Welt Gottes, in der wir wahrhaft daheim sind.

Angelus Silesius hat in unübertroffener Weise gedichtet, was Christus für uns ist: „Morgenstern der finstern Nacht, der die Welt voll Freuden macht. Jesu mein, komm herein, leucht in meines Herzens Schrein."

Seit jeher haben die Menschen ihre Sehnsüchte in die Sterne verlagert. Und die Sterne haben immer eine Faszination ausgeübt. Wenn wir als Kinder das Lied gesungen haben „Weißt du, wieviel Sternlein stehen", dann gab uns das die Gewißheit, dass Gott es gut mit uns meint, dass wir unter seinem Sternenhimmel daheim sind. Solche Assoziationen spielen mit, wenn wir zu Weihnachten an den Stern denken, der Jesu Geburt angezeigt hat, und wenn wir die Weihnachtssterne an den Christbaum oder an die Fenster hängen. Durch diese Geburt ist diese Welt uns Heimat geworden. Da leuchtet überall der gleiche Morgen- und Abendstern über uns am Himmel und läßt uns überall daheim sein. Und Weihnachten lädt uns dazu ein, dass wir selbst für andere zum Stern werden, der ihre Nacht erhellt und ihnen das Gefühl von Heimat schenkt.

Wenn Menschen in einem solchen übertragenen Sinn von einem Stern sprechen, heißt das: Es ist etwas eingebrochen in ihre Nacht, etwas Glänzendes, etwas Liebes. Mit dem Stern ist Hoffnung in ihnen aufgekeimt. Der Stern weist den Weg. Er begleitet und und macht das Leben weit. Der Weihnachtsstern sagt uns etwas, was über die Weihnachtszeit hinaus für unser Leben gilt: Wir sind nicht nur ein Mensch der Erde, sondern auch ein Mensch des Himmels. In uns leuchtet der Stern, der über uns hinausweist auf den, der vom Himmel herabkommt und unsere tiefste Sehnsucht erfüllt.

Ochs und Esel

Seit es Geburtsdarstellungen Jesu gibt, sind Ochs und Esel immer dabei, obwohl die beiden Tiere bei Lukas nicht erwähnt sind. Sie sind in verschiedener Weise gedeutet worden. Gregor von Nyssa († 394) deutet sie so: Der Ochse steht für das jüdische Gesetz, an das er gebunden ist wie an ein Joch. Der Esel ist Symbol für die Heiden. Denn er trägt die Last des Götzendienstes. Zwischen Ochs und Esel liegt das göttliche Kind, das sowohl Juden wie Heiden von ihrem Joch und ihrer Last befreit.

Eine symbolische Deutung ist durchaus sinnvoll – und natürlich auch für andere Interpretationen offen. Da ist zum einen das Bild, dass die Tiere ein Gespür für Christus haben, während sich die Menschen vor lauter Argumenten den Blick für das Geheimnis der Menschwerdung verstellen. In einem tiefenpsychologischen Verständnis würden wir die Tiere heute wohl eher tiefenpsychologisch verstehen, nämlich als Symbol für die Trieb- und Instinktnatur des Menschen. Unsere Triebe und Instinkte verstehen manchmal eher das Geheimnis der Verwandlung, das in der Menschwerdung Gottes in Jesus Christus sichtbar geworden ist. Triebe können in Geist verwandelt werden, Instinkte in Weisheit.

Wer seine Triebe und Instinkte unterdrückt, wer nur aus dem Kopf lebt, weil er vom Kopf aus alles steuern und bestimmen will, der lebt an seinen Möglichkeiten vorbei, der bleibt sich selbst entfremdet, in dem kann nichts Neues geboren werden. Ohne Triebe und Instinkte gibt es keine Lebenserneuerung, keine Neugeburt. Ochs und Esel an der Krippe laden uns dazu ein, unsere Kopflastigkeit abzulegen und uns demütig den Tieren in uns zuzuwenden. Sie sind dem göttlichen Kind näher als unser Kopf, der über das Kind lediglich nachdenkt, anstatt es zu erkennen.

Instinkt und Geistnatur gehören beide zur Ganzheit des Menschen und stehen zueinander in einer geheimnisvollen Beziehung. Ohne sie kann der Mensch nicht zu seinem Selbst finden. Wenn Ochs und Esel das göttliche Kind mit ihrem Atem wärmen, dann wird darin bildhaft ausgedrückt, dass das Naturhafte und Instinkthafte im Menschen den Geist wärmen und nähren kann, dass das Geistige in uns ohne das Vitale kalt wird und erstarrt.

Ochs und Esel sagen auf der Ebene des Symbols auch dies: Triebe und Instinkte sind nicht nur positive Kräfte. Sie können auch das Träge, Verhärtete, Sture des Gesetzes und die Last des Götzendienstes symbolisieren. Der Ochs, der stur vor sich „hinstiert", und der Esel, der unter der Last zusammenbricht, sind Bilder für Lebenshaltungen, die wir alle kennen. Wir gehen oft stur unseren Weg, ohne nach rechts und links zu blicken. Und wir laden uns zu viel auf, weil wir kein Maß kennen.

Christus wird als Kind in unsere Gesetzesfrömmigkeit hineingeboren. Ein Kind hat kein Gespür für Gesetzlichkeit. Es wirft mit seiner spontanen Liebe alle Gesetze über den Haufen. Und ein Kind hat kein Gespür für die Anstrengungen unserer selbst gewählten Askese, durch die wir meinen, Gott zu uns herabzwingen und unser Ego zum Götzen machen zu können. Das Kind nimmt alles leicht. Statt uns Lasten aufzubürden, weist es uns ein in die Leichtigkeit des Seins. Von Weihnachten geht beides aus: Spontaneität der Liebe und Leichtigkeit des Seins.

Die Hirten

Hirten sind nach dem Zeugnis des Evangeliums die ersten Zeugen für die Geburt des Messias. Nicht den Mächtigen und nicht den Schriftgelehrten wird die Botschaft von dem neugeborenen Messias verkündet, sondern den Hirten. Das Bild der Hirten ist keineswegs nur romantisch oder positiv. Die rabbinische Literatur sieht sie sogar ausgesprochen negativ. Sie werden als Betrüger verdächtigt. Von Rabbi Jose ben Chanina stammt das Wort, es gäbe „keine verächtlichere Beschäftigung in der Welt als die des Hirten". Auf diesem Hintergrund betont die Verkündigung an die verachteten Hirten die Armut des göttlichen Kindes. Gerade für all die Menschen, die sich selbst verachten, gilt die Botschaft von der Geburt Christi. Sie dürfen mitten in ihrer Selbstverachtung darauf setzen, dass Gott sich in der Geburt seines Sohnes gerade ihnen zuwendet und ihnen eine „große Freude" verkündet. Gerade für sie öffnet sich der Himmel, und die Engel Gottes umgeben sie mit ihrem Glanz und ihrer zärtlichen Liebe.

Gegenüber der negativen Sicht der Hirten gibt es aber sowohl in der jüdischen als auch der griechischen Tradition ein positives Bild des Hirten. Die Patriarchen waren Hirten, ebenso Moses und David. Gott selbst ist der Hirte, der uns auf guter Au weidet (vgl. Ps 23). Ja, Gott verheißt dem Volk die Geburt des messianischen Hirten (vgl. Mi 5). Die Geburt des Hirten, der nach Gottes Vorstellung sein Volk in Gerechtigkeit lenken soll, wird gerade beim Herdenturm in Bethlehem erwartet. Die Griechen kennen das Motiv, dass Hirten den königlichen

Säugling entdecken. Vergil meint, dass Gott das Geheimnisvolle oft den Hirten offenbare. Origenes übernimmt diese Sicht des Vergil: Er glaubt, die Engel hätten zuerst den Hirten die frohe Botschaft verkündet, weil sie unverdorben seien und so für Gottes Wort empfänglich. In vielen Kulturen ist der Hirte Bild für eine umsichtige und fürsorgliche Vaterfigur.

Wenn ich mich an meine Kindheit zurückerinnere, dann lösten die Hirten in mir eher das Gefühl von Ehrfurcht aus. Die Hirten halten Nachtwache. Sie trauen sich in die Nacht. Sie haben keine Angst vor Räubern und wilden Tieren. Sie wachen, während die anderen Leute schlafen. Sie sind vertraut mit der Nacht, mit dem Dunklen und Geheimnisvollen. Sie schützen die Schafe vor Löwen und Wölfen.

Behüten ist etwas Mütterliches. Die Hirten sorgen für ihre Schafe und bewachen sie. Jesus selbst hat sich ja als guten Hirten bezeichnet, der sein Leben hingibt für seine Schafe und der sie alle einzeln kennt (Joh 10,11.14). Die Hirten sind nicht nur vertraut mit der Nacht, sie sind auch näher an der Natur. Sie haben ein Gespür für das Vitale. Daher sind sie offener für das Geheimnis der Gottesgeburt mitten in der Nacht und mitten unter den Tieren.

Die Engel

Künstler haben gerne Engel gemalt. In ihren Bildern machen sie etwas sichtbar, was oft genug in unserem Leben unsichtbar bleibt. Sie malen die Engel als zärtliche Boten Gottes. Sie stellen sie mit Flügeln dar, um zu zeigen, dass im Engel etwas Himmlisches einbricht in unsere Welt, dass Gott selbst die Engel zu uns sendet. Die Flügel drücken aus, dass die Engel unsere Seele beflügeln wollen, damit wir uns erheben über die Niederungen des Alltags. Die Engel laden uns ein, das Leben leichter zu nehmen, den täglichen Konflikten manchmal mit den Flügeln unserer Seele zu entfliehen und zum Himmel aufzuschauen, der uns einen weiten Horizont eröffnet. In diesem weiten Horizont erscheinen unsere täglichen Probleme oft allzu eng. Sie relativieren sich, wenn ein Engel unseren Blick nach oben erhebt. Engel verzaubern unser Leben. Das bringen die Bilder wunderbar zum Ausdruck. Da bricht etwas in unser Leben ein, das geheimnisvoll ist, anmutig, schön, voller Liebe und Zärtlichkeit.

Engel spielen in der Weihnachtsgeschichte eine wichtige Rolle. Der Engel Gabriel verkündet Maria die Geburt eines Sohnes. Ein Engel überbringt den Hirten die frohe Botschaft: „Heute ist euch in der Stadt Davids der Retter geboren; er ist der Messias, der Herr" (Lk 2,11). Und ein himmlisches Heer von Engeln stimmt das weihnachtliche Lied an: „Ehre sei Gott in der Höhe und Friede den Menschen auf Erden". Ein Engel kommt im Traum immer wieder zu Josef und erklärt ihm, was geschehen ist und wie er darauf reagieren soll. Die Weihnachtsbilder sind ohne Engel nicht vorstellbar.

Engel verkünden den Menschen Gottes Wort und zeigen ihnen Gottes helfende und heilende Nähe an. Sie greifen ein in ihr Leben, schützen sie vor Gefahren, behüten sie auf ihren Wegen und sprechen im Traum zu ihnen. Engel verbinden Himmel und Erde miteinander. Sie öffnen für uns den Himmel, und sie geben unserem Leben einen himmlischen Glanz. Als der Engel des Herrn zu den Hirten trat, da umleuchtet sie der Lichtglanz Gottes. Gottes Herrlichkeit umstrahlt sie. Ihr Leben wird heller und heiler. Aber die Engel sind im Lukasevangelium nicht die niedlichen kleinen Kinder mit Flügeln. Die Reaktion der Hirten ist Furcht, Betroffenheit, Erschrecken. Sie spüren im Engel Gottes glanzvolle, aber auch mächtige Gegenwart. Doch der Engel nimmt ihnen die Furcht. Er verkündet ihnen eine große Freude. Das ist ein weiterer wichtiger Zug an den Engeln: Sie sind Boten der Freude. Sie bringen in unseren oft tristen Alltag etwas von der Freude, die in Gottes heilender Nähe ihre eigentliche Quelle hat.

Neben dem mächtigen Verkündigungsengel erscheint nun „ein großes himmlisches Heer, das Gott lobte" (Lk 2,13). Die Engel verbinden Himmel und Erde miteinander. Sie heben die Grenze auf, die uns hier auf Erden von der himmlischen Herrlichkeit trennt. Die Engel verrichten den liturgischen Dienst im Himmel. Sie loben allezeit Gott. Und wenn wir Menschen Gottesdienst feiern, dann öffnet sich auch für uns der Himmel, und wir nehmen teil an der himmlischen Liturgie. Die Kunst hat das himmlische Heer der Gott preisenden Engel als eine Schar von kindlichen Engeln dargestellt, die aus vollem Herzen singen und mit allerlei Instrumenten spielen. Die weihnachtlichen Engelbilder atmen den Hauch von Leichtigkeit, Freude, Lust am Leben. Die Kunst hat hier einen wichtigen Aspekt der Engel zum Ausdruck gebracht. Engel öffnen uns den Himmel und heben die Erdenschwere auf. Sie lassen uns teilhaben an der Leichtigkeit des Seins. Sie vermitteln Lust am Leben, eine kindliche Freude, dass wir sind, dass wir vor Gott sein und ihn loben dürfen. Sie drücken Zustimmung zum Sein aus, Einverständnis mit unserem Leben, das durch Gott heil wird und hell.

Hirtenmusik

Hirtenlieder gehören zu Weihnachten, sie besingen den Frieden und sie besingen die Liebe. Die Weihnachtskonzerte von Corelli und Manfredini, die Sinfonia im Weihnachtsoratorium von Bach und die Pastorale im „Messias" Händels erinnern mit ihrem Siziliano-Takt an die Musik der Hirten in den Abruzzen. Es klingt in ihnen etwas Wiegendes an. Die Musik vermittelt Geborgenheit und Liebe. Die Hirtenmusik zeichnet die Hirten nicht als die Verachteten und an den Rand Gedrängten, sondern als Menschen, die etwas vom Leben und von der Liebe verstehen. Sie sind fähig zur Intimität der Liebe. Weil sie der Liebe näher stehen, erkennen sie in der Geburt Christi das Geheimnis der göttlichen Liebe. So verwundert es nicht, dass sich die Engel an die Hirten wenden und ihnen die Geburt des Messiaskindes verkünden. Sofort machen sie sich auf den Weg, „um das Ereignis zu sehen, das uns der Herr verkünden ließ" (Lk 2,15). Und als sie das Kind und die Mutter gesehen hatten, kehrten sie zurück und lobten Gott. Die Künstler haben die Anbetung der Hirten besonders liebevoll gestaltet. Da falten sie ihre schwieligen Hände zum Gebet, da hellen sich ihre manchmal derben Gesichter auf. Die Krippendarstellungen aller Völker haben eine Vorliebe für die Hirten, die das, was sie besitzen, mitbringen, um es dem Kind in der Krippe zu schenken. In diesen Hirten können wir uns noch heute wiederfinden, wenn wir unsere Hände dem göttlichen Kind hinhalten, unsere abgearbeiteten und verletzten Hände, unsere zärtlichen Hände, auch die leeren Hände, denen alles entglitten ist. Wir brauchen keine Gaben, keine Leistungen. Die leeren Hände genügen. Das ist die Botschaft der Hirten auf den Weihnachtsbildern – für uns heute.

Engelsmusik

Die Weihnachtsengel musizieren. Seit je wird Musik mit den Engeln verbunden. Wenn Menschen wunderbar singen, sagen wir, es war ein Engel, der da gesungen hat. Oder wenn Geigen und Flöten schön zusammen spielen, haben wir den Eindruck, dass die Engel musizieren. In der Musik erklingt das, was die Bibel uns mit den Engeln nahebringen möchte. In der Musik wird die Seele leicht, sie wird erhoben. Die Engel wollen unsere Seele zu Gott erheben, für Gott öffnen. Musik erklingt in unserer Seele, um sie selbst zum Klingen zu bringen. Musik bringt uns in Berührung mit der Quelle der Freude und der Quelle der Liebe, die auf dem Grund unserer Seele vorhanden sind, oft genug überdeckt von den täglichen Sorgen und Nöten. Indem wir den Gesang der Engel in unsere Seele eindringen lassen, wird die Quelle der Freude gleichsam angehoben, so dass sie auch ins Herz dringt und den ganzen Leib erfüllt. So wird die Freude erfahrbar mit dem ganzen Leib. Ähnlich ist es mit der Quelle der Liebe. Musik ist immer Ausdruck von Liebe. Indem sie in unserer Seele
erklingt, wird die Quelle der Liebe, die manchmal nur noch ein Sickerwasser zu sein scheint, anschwellen und allmählich den ganzen Leib durchdringen. Dann sind wir auf einmal Liebe. So wie die Maler die Engel oft gemalt haben – als Wesen voller Liebe –, so werden wir selbst durch die Musik der Engel zu Menschen, die erfüllt sind von Liebe und die Liebe ausstrahlen.

Weihnachtsfrieden

Dass auf der Erde Friede sei, ist der zentrale Weihnachtswunsch. Nicht nur in den Festreden ist davon die Rede, auch in der weihnachtlichen Liturgie ist Frieden das zentrale Thema. Schon die erste Weihnachtsvesper beginnt mit der Antiphon „Rex pacificus = Der Friedenskönig". Die Engel loben Gott auf dem Hirtenfeld mit dem weihnachtlichen Gesang: „Ehre sei Gott in der Höhe und Friede auf Erden den Menschen seiner Gnade" (Lk 2,14). Durch die Geburt Jesu wird der Lichtglanz, der Gott im Himmel gebührt, auf Erden sichtbar. Und wenn Gottes Herrlichkeit unter uns Menschen erscheint, dann ist die Kluft zwischen Gott und Mensch aufgehoben, dann ist Friede zwischen Gott und Mensch. Und dieser Friede ermöglicht auch den Frieden unter den Menschen. Denn nur der sich selbst und Gott entfremdete Mensch ist unfähig zum Frieden. Sobald er mit sich zufrieden ist und mit Gott im Frieden lebt, wird er auch mit seinen Brüdern und Schwestern Frieden halten.

Der Friede von Weihnachten ist kein bloßer Appell an unseren guten Willen, wir sollten uns doch vertragen. Vielmehr ermöglicht uns die Menschwerdung Gottes wahren Frieden. Wenn Gottes Liebe unsere menschliche Natur durchdringt, dann spüren wir: es gibt nichts in uns, das nicht von göttlicher Liebe und Klarheit durchdrungen ist. Alles in uns ist von Gott angenommen, erfüllt von seiner zärtlichen Liebe, die in dem Kind in der Krippe aufleuchtet. Wenn wir daran glauben, dann erleben wir uns anders. Dann müssen wir nicht friedlich tun, weil das zu Weihnachten gehört, dann schafft Weihnachten in uns Frieden und Versöhnung.

Ich erfahre an Weihnachten diesen inneren Frieden, wenn ich mir vorstelle, dass in mir Christus geboren wird. Wenn ich in mich hineinschaue, dann stoße ich nicht nur auf meine Probleme, auf meine Zerrissenheit, auf meine enttäuschten Wünsche und Illusionen, auf Verletzungen und Kränkungen. Ich spüre, dass in mir ein Raum ist, der voller Friede ist, weil Christus selbst darin wohnt. Und in diesem inneren Raum kann ich zum Frieden mit mir und meinem Leben gelangen. Von dieser Erfahrung des inneren Friedens gehen auch friedvolle Gedanken zu meinen Mitmenschen aus. Da haben feindliche und ärgerliche Gedanken keinen Raum. Friede ist für mich nicht zuerst ein Appell, dass ich mit allen friedlich leben sollte. Vielmehr entspringt der Friede zu den Menschen der Erfahrung meines inneren Friedens. Ich muss dann gar keinen Frieden schaffen. Es ist in mir Friede. Und der breitet sich von allein aus.

Lichte Nacht

Nacht, mehr denn lichte Nacht!
Nacht, lichter als der Tag!
Nacht, heller als die Sonn,
in der das Licht geboren,
Das Gott, der Licht in Licht
wohnhaftig, ihm erkoren!
O Nacht, die alle Nächt und
Tage trotzen mag:

O freudenreiche Nacht,
in welcher Ach und Klag
Und Finsternis und was sich
auf die Welt verschworen
Aus Furcht und Höllenangst
und Schrecken war verloren!
Der Himmel bricht; doch fällt
nunmehr kein Donnerschlag.

Der schlesische Barockdichter Andreas Gryphius staunt über das Geheimnis der Weihnacht. Es ist die Nacht, lichter als der Tag. Es ist die Nacht, in der das Licht für uns geboren wird und alle Finsternis aus uns vertreibt. In immer neuen Bildern umkreist der das Geheimnis. Kein Klischee kommt ihm da unter. In seinen Worten spürt man Betroffenheit, ein persönliches Erstaunen vor dem Gott, der als Licht in unsere Dunkelheit kommt und uns alle Furcht nimmt. Das eigentliche Geheimnis wird in der vorletzten Strophe besungen: Gott ist bei uns angekommen. Er, der die Zeit geschaffen hat, hat die Zeit an sich genommen. Und er hat unser Fleisch angenommen und

Der Zeit und Nächte schuf,
ist diese Nacht ankommen
Und hat das Recht der Zeit und Fleisch an sich genommen
Und unser Fleisch und Zeit
der Ewigkeit vermacht.
Die jammertrübe Nacht, die schwarze Nacht der Sünden,
Des Grabes Dunkelheit muss
durch die Nacht verschwinden.
Nacht, lichter als der Tag!
Nacht, mehr denn lichte Nacht!

ANDREAS GRYPHIUS (1616–1664),
Über die Geburt Jesu

es so der Ewigkeit vermacht. Er hat unser geschichtliches Sein in seine Ewigkeit hinein genommen. Damit sind wir jetzt schon – in der Zeit – in der Ewigkeit Gottes. Unser Leben ist anders geworden. Alles, was unser Leben hier verdunkelt – vor allem die Sünde – wird vom Licht von Weihnachten durchdrungen. So weicht die Nacht unserer Schuld, die Nacht unserer Depression diesem weihnachtlichen Licht. Das geschieht nicht automatisch. Es ereignet sich, wenn wir staunend vor dem Geheimnis dieses ewigen Lichtes stehen, das unsere Nacht erhellt und alles Dunkle in uns in sein göttliches Licht taucht.

Geburt Christi

Hättest du der Einfalt nicht, wie sollte
Dir geschehn, was jetzt die Nacht erhellt?
Sieh, der Gott, der über Völkern grollte,
macht sich mild und kommt in dir zur Welt.

Hast du dir ihn größer vorgestellt?

Was ist Größe? Quer durch alle Maße,
die er durchstreicht, geht sein grades Los.
Selbst ein Stern hat keine solche Straße,
Siehst du, diese Könige sind groß,

und sie schleppen dir vor deinen Schoß

Schätze, die sie für die größten halten,
und du staunst vielleicht bei dieser Gift –

Rainer Maria Rilke richtet sein Weihnachtsgedicht an Maria. Er spricht mit Maria über das, was in dieser Nacht an ihr geschehen ist. Die Voraussetzung für die Geburt Jesu aus Maria ist für Rilke die Einfalt, die innere Klarheit, Einfachheit. Die Einfalt bringt das Große und das Kleine zusammen. Der große Gott kommt als Kind zur Welt. Der Dichter fragt Maria, ob sie sich Gott, der zur Erde kommt, größer vorgestellt hat als dieses kleine Kind, das sie in ihren Armen hält und an ihrer Brust nährt. Dann macht sich der Dichter Gedanken über die Größe.

aber schau in deines Tuches Falten,
wie er jetzt schon alles übertrifft.

Aller Amber, den man weit verschifft,

jeder Goldschmuck und das Luftgewürze,
das sich trübend in die Sinne streut:
alles dieses war von rascher Kürze,
und am Ende hat man es bereut.

Aber (du wirst sehen): Er erfreut.

RAINER MARIA RILKE (1875–1926),
geschrieben 1912 auf Schloß Duino.

Er fängt an mit der Größe des Weltalls, mit der Größe der Könige, die von weither kommen, um dem Kind ihre Schätze zu bringen. Doch aller Goldschmuck und alle Geschenke sind nur von kurzer Dauer. Am Ende bereut man es, weil man es doch nicht festhalten kann. Doch das Kind zeigt wahre Größe. Es erfreut die Menschen. Das ist die entscheidende Botschaft, dass durch dieses Kind Freude in die Welt kommt, eine Freude, die weder Armut noch Reichtum zu rauben vermag, eine Freude, die das Herz erfreut.

Die Rituale der Weihnachtszeit

Heiligabend

Der Heilige Abend hat ein besonderes Gepräge. Wer diesen Abend ohne Rituale feiert, der wird bald spüren, dass das bloße Zusammensitzen und miteinander Essen leer wird. Es braucht gerade an diesem Abend Rituale, damit wir wirklich Weihnachten feiern können. Eine adlige Frau erzählte mir, dass in ihrer Familie nach Ritualen gefeiert werde, die seit Jahrhunderten üblich seien. Das ist keine Nostalgie. Die Familie drückt damit aus, dass sie teilhat an der Glaubenskraft und Lebenskraft der vergangenen Geschlechter. Sie spürt in diesen Ritualen die tiefen Wurzeln, aus denen sie lebt. Sie hat teil an dem Glauben, der die Großmutter und den Urgroßvater befähigt hat, ihr Leben in schweren Zeiten zu bewältigen. Aber die Rituale müssen immer wieder mit Sinn erfüllt werden und sie brauchen ein behutsames Vollziehen. Nur so werden sie für uns stimmig und schenken uns Anteil an der Sehnsucht, die die Menschen seit jeher mit Weihnachten verbunden haben, an der Sehnsucht nach Frieden, nach Liebe, nach Geborgenheit, nach einem neuen Anfang, nach der Nähe des heilenden Gottes.

Überlegen Sie sich, welche Rituale in Ihrer Familie üblich waren.

Versuchen Sie, diese alten Rituale neu mit Sinn zu füllen. Überlegen Sie aber auch, welches Ritual für Sie passt.

Wenn in diesem Jahr ein lieber Mensch gestorben ist, den Sie jetzt an Weihnachten vermissen, dann stellen

Sie eine Kerze an die Krippe und stellen sich vor, dass er oder sie jetzt im Himmel das Geheimnis der Menschwerdung schaut, während wir es hier im Glauben feiern. Dann geht Ihnen vielleicht auf neue Weise auf, was Weihnachten bedeutet.

Im Hause Bonhoeffer war es ein schönes Ritual, vom Christbaum einen Zweig abzubrechen und ihn auf das Familiengrab zu legen. Christus, der geboren wurde, damit wir nicht für immer sterben, möge auch den Verstorbenen ewiges, unvergängliches Leben schenken.

Überlegen Sie früh genug, wie Sie den Heiligen Abend feiern wollen. Und wenn es in Ihrer Familie verschiedene Vorstellungen darüber gibt, sprechen Sie früh genug darüber. Das Gespräch über die Rituale wird sich nicht nur um die äußeren Formen drehen, sondern letztlich um unsere Beziehungen: Können und wollen wir noch gemeinsam ein Fest wie Weihnachten feiern? Oder müssen wir uns eingestehen, dass wir uns so auseinandergelebt haben, dass ein gemeinsames Fest nicht mehr gelingt?

Bevor wir uns das eingestehen, sollten wir überlegen, was alles uns gemeinsam doch noch trägt und wie wir das an Weihnachten zum Ausdruck bringen können.

Der Christbaum

Zu den alten Ritualen von Weihnachten gehört seit dem 16. Jahrhundert der geschmückte Tannenbaum. Die Tanne, die auch im Winter ihr grünes Kleid behält, ist ein altes Symbol für die göttliche Kraft des Lebens, das sich auch durch die Kälte des Winters nicht besiegen lässt. In der christlichen Tradition soll der Baum als immergrüner Baum und zugleich als Lichterbaum Christus in die Häuser bringen und alle Dämonen der Angst, der Feindschaft und der Eifersucht aus ihnen verbannen. Mitten im kalten und dunklen Winter will er Wärme und Licht in unsere Welt tragen.

Die Christen haben den Tannenbaum an Weihnachten als Paradiesbaum verstanden, von dem die „Früchte des Lebens" gepflückt werden. Die Früchte des Lebens werden in Äpfeln und Nüssen dargestellt, die seit alters an den Baum gehängt werden, oder auch durch Christbaumkugeln, die ein Bild für das Ganze und Heile des Paradieses sind. Der Christbaum ist so ein Reis vom Baum der Gnade, zu dem uns Gott in der Geburt seines Sohnes führt, damit sein Öl unsere Schmerzen lindere.

Der Baum verbindet auf der Ebene der Symbolik Himmel und Erde. Er ist tief in der Erde verwurzelt und zieht aus der Mutter Erde seine Kraft. Zugleich ragt er in den Himmel und entfaltet seine Krone nach oben. So ist er ein Bild des Menschen, wie er sein sollte, wenn er wie ein Baum verwurzelt ist und doch aufrecht steht, wie ein königlicher Mensch mit einer Krone.

Im Christbaum sind einige Züge einer allgemeinen Symbolik von Bedeutung. Da ist einmal die Verbindung zwischen Himmel und Erde. Dann hat sicher das Bild des abgehauenen Baumes, der wieder ausschlägt, Einfluss auf den Christbaum gehabt. Die adventliche Verheißung aus dem Buch des Propheten Jesaja, dass aus dem Baumstumpf Isais ein Reis hervorsprießt, wird hier bildlich dargestellt. Gerade dort, wo ich gescheitert bin, wo etwas in mir abgeschnitten wurde, wo ein Weg nicht mehr weiter ging, da schenkt mir die Geburt Christi die Gewissheit, dass etwas Neues in mir aufbricht, dass etwas in mir heranwächst, was authentischer und schöner wird als alles Bisherige. Der Christbaum ist ein Bild dafür, dass durch die Geburt Christi das Leben in uns für immer siegt und sich durch keine Winterkälte verdrängen lässt.

Die Tannenzweige des weihnachtlichen Schmuckes verbreiten einen ganz besonderen Duft. Wenn ich diesen Tannengeruch rieche, dann ist da eine Ahnung, dass unser Haus, dass mein Zimmer durch die Geburt Christi anders geworden ist, dass Gott mir nahe kommt und in meinem Hause, in meinem Zimmer wohnt. Und weil das Geheimnis unter uns wohnt, können wir in unserem Hause daheim sein. In der Tanne stellen wir die Wirklichkeit des Waldes, ja der Natur und der ganzen Schöpfung in unser Haus. Da wird der Zwiespalt von Natur und Zivilisation aufgehoben, da ahnen wir, dass wir auch in unseren Häusern teilhaben an der Kraft, die aus der Mutter Erde strömt. Durch die Menschwerdung Gottes wurde die ganze Schöpfung geheiligt. Und wir Menschen haben daran teil.

Die Krippe

Als Kind war für mich die Vorstellung, dass das Kind in der Krippe liegt, immer etwas Romantisches, Idyllisches, etwas, das ein Gefühl von Heimat und Geborgenheit hervorgerufen hat. Damals haben wir Krippen gebastelt. Und wir legten Strohhalme hinein, wenn wir eine gute Tat vollbracht hatten, damit der Gottessohn weicher liegen konnte. Das war sicher sehr kindlich gemeint. Aber es brachte auch zum Ausdruck, dass wir selbst dem göttlichen Kind eine Krippe bereiten, dass wir in unserem Herzen einen Ort schaffen, in dem Gott geboren werden kann. Unser Herz ist die eigentliche Krippe.

Es gibt nicht nur die kindlichen Wiegenlieder. Die Hirtenmusik bei Händel, Bach, Corelli, Manfredini nehmen den Wiegenrhythmus auf. Für mich gehört es heute zum Weihnachtsritual, zur Arie des Weihnachtsoratoriums „Schlafe, mein Liebster, genieße der Ruh" die Hände über der Brust zu kreuzen und mich hin- und herzuwiegen. Da kommt eine Ahnung hoch, dass das göttliche Kind in meinem Herzen wie in einer Krippe liegt. Im Wiegen bringe ich mein Herz zur Ruhe. Ich spüre etwas von der Geborgenheit und Zärtlichkeit, die von diesem Kind in der Krippe ausgeht. Da breitet sich ein tiefer Friede in mir aus. Und ich ahne, dass in meinem Herzen die Liebe selbst wie ein zartes Kind liegt. Indem ich das göttliche Kind in mir wiege, macht es mich selbst liebevoller.

Auch wem dieses Wiegen zunächst fremd scheint, der kann es doch einmal versuchen und sehen, ob es nicht doch gut tut und in einen tiefen Frieden und in eine zärtliche Liebe hineinführt, und die Erfahrung von Geborgenheit vermittelt.

Weihnachtsessen

Nicht nur Lieder, auch das gemeinsame Mahl gehört zu den Weihnachtsritualen – weltweit. Weihnachten hat einen ganz unterschiedlichen Geschmack: Bestimmte Gegenden, ja ganze Länder haben besondere Traditionen, was an Weihnachten auf den Tisch kommt. Und auch viele Familien haben ihre eigene Tradition, was sie an Weihnachten essen. Da gibt es immer die gleichen Speisen. Offensichtlich möchte man das Fest in einer ganz besonderen Stimmung feiern. Man lässt sich bewusst Zeit für das Weihnachtsmahl. Kerzen schmücken den Tisch. Wenigstens an Weihnachten wollen wir das Geschenk der Mahlzeit erleben. Wir haben Zeit miteinander und füreinander. Wir genießen die Gaben, die uns geschenkt sind.

Das hat auch eine tiefe spirituelle Bedeutung, wenn wir nicht nur oberflächlich die Dinge genießen, sondern tiefer sehen. Denn im guten Essen schmecken wir die Freundlichkeit und Güte Gottes. Gott lässt sich nicht nur in dem Kind in der Krippe schauen, sondern auch schmecken. Die Mystikerinnen des Mittelalters sprechen von der „dulcedo Dei", von der Süße Gottes. Wir sprechen ja auch von einem „süßen Kind". An Weihnachten haben wir das Bedürfnis, etwas Süßes zu essen, um die Liebe Gottes, die uns im Kind entgegenstrahlt, auch zu schmecken, damit sie unseren Leib stärkt und belebt und unsere Seele durchdringt und verzaubert.

Für viele gehört auch der Weihnachtsstollen zum Fest. Der Stollen ist mehr als nur lecker. Er ist ein Symbol. Anders gesagt: ein so genanntes „Gebildebrot". Das sind Gebäcke, die bestimmte symbolische Formen oder Figuren darstellen. Der Stollen gilt seit vielen Jahrhunderten als das in weiße Tücher gewickelte Christkind. Und auch Nüsse – Walnüsse, Paranüsse, Haselnüsse – gehören zur weihnachtlichen Tradition. Auch das hat tiefere Bedeutung – abgesehen davon, dass sie gesund sind. Nüsse stehen symbolisch für allerlei wie Fruchtbarkeit, Weisheit und Geduld. Die Walnuss gilt in der Christlichen Symbolik als Sinnbild Christi. Die harte Schale und ein süßer Kern, worin sich ein Symbol für das Leben sehen lässt: „Gott hat es gegeben, aber erschließen muss es sich jeder selbst".

Geschenke

An Weihnachten feiern wir, dass Gott uns mit dem größten Geschenk beschenkt hat, mit sich selbst, mit seinem eigenen Sohn. In der Geburt Jesu hat Gott selbst uns göttliches Leben geschenkt. So ist Weihnachten seit jeher ein Anlass gewesen, auch einander zu beschenken. Wie jede gute Tradition kann auch das Schenken verfälscht werden. Manche geraten in einen Geschenkstress. Sie setzen sich unter Druck, die richtigen Geschenke zu kaufen. Viele vergleichen ihre Geschenke mit dem Wert der Geschenke, die sie selbst bekommen.

Doch auf diese Weise verkehren wir den Sinn des Schenkens ins Gegenteil. Das deutsche Wort „schenken" heißt eigentlich: zu trinken geben. Wir kennen diesen Ursprung noch, wenn wir sagen, dass wir jemandem Wein einschenken. Ich gebe also dem, der durstig ist, etwas zu trinken. Ich beschenke nicht die, die sowieso schon zuviel haben, sondern die, die danach dürsten, die sich sehnen, beschenkt zu werden. Schenken ist eine zärtliche Zuwendung. Es verlangt, dass ich mich erst in den anderen hinein denke und mich frage, wonach er sich sehnt, wonach ihn dürstet. Mein Geschenk soll seinen Durst stillen. Wir dürsten nach Liebe, nach Zuwendung, nach Zärtlichkeit. Es geht also nicht darum, mit seinen Geschenken gut dazustehen, sondern sich dem anderen zuzuwenden und ihm das zu geben, was seinen Durst nach Liebe stillt. Schenken ist Ausdruck unserer Liebe und unseres Interesses am anderen. Wir haben uns mit ihm beschäftigt. Wir sind ihm in unserem Fühlen und Denken nahe gekommen.

Das lateinische Wort für schenken heißt: donare. Es meint: unentgeltlich geben, übergeben, überlassen. Schenken hat also nichts mit gegenseitiger Verpflichtung zu tun. Die Lateiner kennen das „do ut des“: Ich gebe, damit auch du gibst. Das gilt einmal für die zwischenmenschlichen Beziehungen, aber auch für die Beziehung zu Gott. Doch das ist keine Beziehung der Liebe, sondern eher eine geschäftliche Beziehung. Donare ist ein Geben ohne Erwartung, dass ich etwas zurück bekomme. Ich gebe, weil ich dem anderen eine Freude machen möchte.

Donum ist das Geschenk. Am Fest Epiphanie singen wir im Offertorium aus dem Psalm 72,10f, dass die Könige von Arabien und Saba ihre Gaben bringen (dona adducent) und alle Könige der Erde ihn, Christus, anbeten. Die Könige bringen mit ihren Gaben ihre Ehrerbietung

Christus dar. Ich beschenke also den, der höher ist als ich selbst. Christus braucht meine Gaben nicht. Aber ich ehre ihn mit meinen Geschenken. Das ist sicher auch ein Aspekt des Beschenkens: Ich drücke dem anderen gegenüber aus, dass er mir wichtig ist. Ich sehe in ihm etwas Wertvolles. Deshalb gebe ich ihm etwas: nicht weil er etwas braucht, sondern weil ich ihm Ehre erweisen möchte, weil ich ihn hoch schätze.

Das Geheimnis an Weihnachten aber ist, dass nicht wir Gott beschenken, sondern dass Gott uns in seinem Sohn beschenkt hat. Er hat uns mit ihm alles gegeben, seine Liebe, sein göttliches Leben, unsere wahre Würde. Doch die spirituelle Tradition kennt auch das Bedürfnis der Menschen, dass wir dem Kind in der Krippe unsere Geschenke bringen, keine materiellen Geschenke, sondern die Gaben unseres Herzens, unsere Liebe, unsere Zeit, unser Versprechen, uns von seinem Licht leiten zu lassen und die Liebe, die uns in ihm aufleuchtet, in diese Welt zu tragen. Wir schenken Christus etwas, weil wir ihn damit ausdrücken wollen, dass er der Mittelpunkt unseres Lebens ist, die Sonne, um die wir kreisen, die Liebe, die uns beglückt. Es gibt Menschen, die dem Geschenkstress dadurch entgehen möchten, dass sie gar nichts mehr schenken und sich nichts mehr schenken lassen. Aber viele, die das praktiziert haben, erzählten mir: Es hat ihnen etwas gefehlt.

Bevor Sie in diesem Jahr an Geschenke denken, spüren Sie sich in den Sinn des Schenkens hinein. Dann werden Sie ohne Stress finden, was Sie dem anderen schenken können. Dann geht es nicht mehr um den Kaufwert des Geschenkes, sondern um die Liebe, die Sie ins Geschenk hinein legen, in das Gespür für den anderen, in die Wertschätzung und Ehre, die Sie ihm erweisen möchten, und um den Wunsch, den Sie mit dem Geschenk für ihn verbinden.

Erinnerung an Verstorbene

An Weihnachten wird uns immer schmerzlich bewusst, welche Menschen uns fehlen, um ein schönes und erfülltes Fest zu feiern. Fliehen Sie nicht vor diesem Schmerz, sondern drücken Sie ihn in einem Ritual aus. Dann kann er sich wandeln. Stellen Sie stellvertretend für den verstorbenen Menschen eine Kerze unter den Christbaum oder an die Krippe. Statt große Geschenke zu kaufen, können Sie sich im Advent Zeit nehmen, die Kerze zu verzieren mit Symbolen, die etwas vom Geheimnis dieses Menschen ausdrücken, oder mit Worten, die ihn geprägt haben. Wenn Sie diese Kerze dann vor der Krippe anzünden, ist der oder die Verstorbene bei Ihnen. Stellen Sie sich vor, das er/sie jetzt das Geheimnis der Menschwerdung Gottes im Himmel mit Ihnen feiert, aber auf andere Weise. Er/sie schaut das, was Sie verhüllt in dem Kind in der Krippe schauen. Die Verstorbenen schauen die Herrlichkeit des menschgewordenen Gottes. Sie schauen das Antlitz Jesu Christi, das voller Liebe und Milde ist. Indem sie auf das Kind in der Krippe schauen, werden Sie eins mit dem, was der Verstorbene nun auf andere Weise schaut. Und wenn Sie die Weihnachtslieder singen oder anhören, dann werden Sie eins mit dem Verstorbenen. Er hat hier auf Erden in diesem Lied die eigene Sehnsucht ausgedrückt. Jetzt singen die Verstorbenen dieses Lied als Schauende. Sie drücken nicht mehr ihre Sehnsucht, sondern die Erfüllung aus. So haben Sie im Singen und Hören der weihnachtlichen Lieder und Musik teil an der Vollendung, die den Verstorbenen zuteil geworden ist.

Die Stille suchen

Weihnachten ist ein Familienfest. Aber es ist auch ein Fest der Mystik, ein Fest der Stille. Daher braucht es auch persönliche Rituale, die ich an Weihnachten allein für mich vollziehe. Wenn ich immer nur mit den andern zusammen bin, fehlt mir etwas Wesentliches von Weihnachten. Ich brauche auch die Stille und die Einsamkeit, damit ich die Geburt Jesu Christi in meinem Herzen erahne.

Für mich gibt es eine Gebärde, die für die Weihnachtszeit passt und das Geheimnis dieser Zeit gut zum Ausdruck bringt. Es ist die Gebärde der Hände, die ich übereinander in die Brustmitte halte. Es gibt die Haltung der überkreuzten Arme über der Brust. Das ist die Gebärde, die Tür zu schließen und den inneren Raum der Stille zu schützen. Davon unterschieden ist diese weihnachtliche Gebärde. Ich spüre mit beiden Händen die Wärme in der Brustmitte. Und ich spüre die Sehnsucht, die in meiner Brust aufsteigt. In der Sehnsucht spüre ich mich selbst, und ich spüre Gott. In der Sehnsucht nach Liebe erfahre

ich die Liebe. Und in der Sehnsucht nach Geborgenheit fühle ich bereits Heimat.

In der Weihnachtszeit verweist mich diese Gebärde auf die Geburt Jesu in meinem Herzen. Ich kann mir die Wärme vorstellen, die das Lächeln des Kindes im Stall von Betlehem verbreitet, und das milde Licht, das dem Stall eine angenehme Atmosphäre schenkt. Im Mittelalter haben die Beginen (Frauen, die sich zu religiösen Gemeinschaften zusammenschlossen) und Klosterfrauen in dieser Gebärde das sogenannte „Kindleinwiegen" praktiziert. Das kommt uns etwas fremd vor. Aber es war ein Weg, das Geheimnis von Weihnachten mit Leib und Seele zu erahnen und zu erspüren.

Das Geheimnis spüren

Wenn ich das Weihnachtsoratorium von Johann Sebastian Bach höre, dann halte ich meine Hände in die Brustmitte und wiege mich hin und her bei den beiden Alt-Arien „Bereite dich, Zion, mit zärtlichen Trieben" und „Schlafe, mein Liebster, genieße der Ruh". Dabei erahne ich, was Bach mit der Musik ausdrücken will: dass die Geburt Jesu in unserem Herzen geschieht und dass sie uns mit Zärtlichkeit und Liebe erfüllt. Dann verwandelt Weihnachten meine Selbstwahrnehmung: Ich blicke nicht mehr mit einer Brille der Selbstentwertung auf mich, sondern ich schaue im Licht von Weihnachten, dass mein Herz voll von Licht und Liebe ist. Das schenkt mir inneren Frieden.

Die Gebärde der über der Brust gekreuzten Hände kann nicht nur das Geheimnis der Geburt Jesu in Leib und Seele tiefer spüren lassen, sie vermag auch das innere Gestimmtsein und die Selbstwahrnehmung zu verwandeln und das Herz mit Licht und Liebe zu erfüllen.

Immer wieder

Nehmen Sie sich Zeit, in der Woche zwischen Weihnachten und Neujahr immer wieder am Christbaum zu sitzen, die Krippe zu betrachten, Weihnachtsbilder anzuschauen, um zu entdecken, wie Künstler das Geheimnis von Weihnachten gesehen haben. Meditieren Sie sich in das Geheimnis von Weihnachten hinein, damit es auch in Ihnen Weihnachten wird, damit auch Ihre Nacht eine geweihte Nacht wird, eine vom Licht Gottes erhellte Nacht. Und vor allem: Singen Sie die Weihnachtslieder. Nehmen Sie wahr, was sie in Ihnen auslösen, was sie in Ihrem Herzen berühren.

Lieder an Weihnachten

Auf, preiset die Tage

Es gibt für mich kein Weihnachtsfest, an dem ich nicht das Weihnachtsoratorium von J. S. Bach höre. Mit Pauken und Trompeten lässt Bach den Chor da zu Beginn singen: „Jauchzet, frohlocket! Auf, preiset die Tage! Rühmet, was heute der Höchste getan! Lasset das Zagen, verbannt die Klage, stimmet voll Jauchzen und Fröhlichkeit an!“ Ich kann den Chor nicht anhören, ohne dass er in mir bewirkt, was er singt. Da wird das Zagen und Klagen aus meinem Herzen verbannt. Da weitet es sich für das Geheimnis der Weihnacht, für das Geheimnis, dass Gott Mensch geworden ist und in unsere Dunkelheit Licht gebracht hat. In dieses offene Herz hinein kann der Sopran dann die Engelsbotschaft singen: „Fürchtet euch nicht, siehe, ich verkündige euch große Freude, die allem Volke widerfahren wird.“ Mit der Musik erwacht die Freude, die oft genug unter Sorgen und Problemen verborgen liegt, in meiner Seele zu neuem Leben.

Erwach, frohlocke, o Tochter von Zion

Händels „Messias“ zu hören gehört zu meinen Weihnachtsritualen. Händel hat die Botschaft Jesu vor allem im Spiegel alttestamentlicher Texte gedeutet und vertont. Die Sopranarie besingt das Geheimnis von Weihnachten mit Worten aus dem Buch Sacharja: „Erwach, frohlocke, o Tochter von Zion; auf, du Tochter von Jerusalem! Blick auf, dein König kommt zu dir. Er ist der rechte Helfer und bringet Heil allen Völkern“ (Sach 9,9f.). Händel war in einer tiefen Krise, als er den Messias in weniger als vier Wochen wie in einem Rausch niederschrieb. Die Ergriffenheit hören wir heute noch aus den Arien und Chören heraus. Der verhaltene Trost der Adventsstücke wandelt sich in die fröhlich-beschwingten Chöre der Weihnachtsbotschaft und gipfelt schließlich in dem kraftvollen Jubel des Halleluja im Osterteil. Der Grund der Weihnachtsfreude ist, dass Gott selbst zu uns Menschen kommt, als König, als Helfer, als Heil und als Licht, das unsere Dunkelheit erleuchtet. In der Musik Händels wird alles Dunkle, Trostlose, Traurige aus unseren Herzen verbannt, damit die Freude über die Geburt Jesu in uns einziehen kann.

Nun singet und seid froh

„In dulci jubilo, nun singet und seid froh“, so beginnt eines der bekanntesten Weihnachtslieder, das aus dem 14. Jahrhundert stammt. Die alten Weihnachtslieder singen immer wieder von der Freude, die die Geburt Jesu in unseren Herzen auslöst. „Ein Kind ist uns geboren heut, das alle Welt erfreut“ heißt es in einem anderen Lied aus dem 15. Jahrhundert. Die Freude ist der Grundzug aller Weihnachtslieder. Auf die Geburt eines Kindes reagieren wir immer mit Freude. Doch wenn Gott Mensch wird, dann bewirkt das in uns noch etwas anderes. Wir wissen, dass wir nie mehr allein sind auf dieser Erde, dass diese Erde nun für uns Heimat geworden ist, weil Gott selbst mit uns ist. Gott geht in Jesus alle Wege mit uns.

Unser Leben hat sich für immer verwandelt. Gottes Licht leuchtet in unserer Finsternis. Gott ist als Kind geboren, um unsere versteinerten Herzen aufzubrechen – für die Freude und für die Liebe.

Vom Himmel hoch

Martin Luther hat das beliebte Weihnachtslied gedichtet „Vom Himmel hoch da komm ich her". In der siebten Strophe fordert er uns auf: „Des lasst uns alle fröhlich sein und mit den Hirten gehen hinein, zu sehn, was Gott uns hat beschert, mit seinem lieben Sohn verehrt." Für den deutschen Reformator war die Freude der Grundzug unseres Glaubens. Für ihn gründet diese Freude in dem, was Gott an uns getan hat. Wir brauchen nicht mehr alles selber zu leisten. Gott hat an uns gehandelt. Das ist für ihn auch das Wesen des Weihnachtsgeheimnisses: Gott selbst hat die Initiative ergriffen. Er hat uns seinen Sohn geschenkt und in seinem Sohn seine zärtliche Liebe, seine Zusage, dass er uns bedingungslos annimmt. Daher sollen wir als fröhliche Christen leben. Denn Gott hat uns die wahre Bescherung bereitet: Er hat uns seinen Sohn geschenkt, uns mit ihm Ehre erwiesen und in ihm unseren ursprünglichen Glanz und unsere göttliche Schönheit wieder hergestellt.

Stille Nacht, heilige Nacht

Das wohl bekannteste Weihnachtslied, auf jeden Fall das beliebteste in deutscher Sprache, ist das von Josef

Mohr im Jahr 1818 gedichtete und von Franz-Xaver Gruber vertonte „Stille Nacht, heilige Nacht". Es ist für einfache Menschen geschrieben. Und es ist in einer schwierigen Zeit entstanden, nach jahrzehntelangen kriegerischen Konflikten in Europa, in einer Zeit, die von Angst und Unsicherheit, von Hungersnot und schwierigen wirtschaftlichen Umständen bestimmt war. Dem stellt es eine andere Wirklichkeit gegenüber, es erzählt von Frieden, von Glück und „himmlischer Ruh". Vor allem mit den beiden Worten „still und heilig" deutet Josef Mohr das Geheimnis von Weihnachten – für seine Zeitgenossen, aber auch für uns. In der Stille der Nacht wird Gott geboren, er will auch in der Stille unseres Herzens geboren werden. Daher braucht es in dieser Nacht die Stille, damit sie zur heiligen Nacht wird. Gott hat an Weihnachten unsere Nacht durch die Geburt seines Sohnes geheiligt. Heilig ist für die Griechen das, was der Welt entzogen ist, worüber sie keine Macht hat. Im Schweigen entziehen wir uns dem Lärm dieser Welt. Da berühren wir das Heilige in uns. Die stille Nacht von Weihnachten will den inneren Lärm unserer Ängste, die uns oft in unseren Träumen bedrängen, zum Schweigen bringen, damit Gott in uns geboren werde.

Da wo Nacht zum Symbol für Dunkelheit und Sinnlosigkeit geworden ist, zum Bild eines Zustands der Depression und Lähmung, da ist sie verwandelt durch das Licht von Weihnachten. Das Licht von Weihnachten erleuchtet diese Nacht der Depression, die Nacht der Sinnlosigkeit, die schlaflosen Nächte, die kein Ende nehmen wollen. Weihnachten heißt: mit dem Licht unseres Bewusstseins in der Nacht unseres Lebens den zu erkennen, der unsere Nacht verzaubern, verwandeln, heiligen will.

Dort, wo Gott in uns ist, entsteht ein heiliger und lichter Raum. Und in diesem heiligen Raum sind wir schon heil und ganz. Da ist unsere Nacht, die sonst voller Angst und Dunkelheit ist, still und heilig geworden. In diesem Sinn ist das Lied von Josef Mohr und Franz Gruber, das um die ganze Welt ging, bleibender Ausdruck unserer tiefen Sehnsucht nach dem wirklichen Glück, nach dem verlorenen Paradies.

Ich steh' an deiner Krippen hier

Lukas beschreibt bei der Geburt Jesu die Futterkrippe, in die er gelegt wurde: Maria „wickelte ihn in Windeln und legte ihn in eine Krippe, weil in der Herberge kein Platz für sie war" (Lk 2,7). Diese Krippe ist ein Bild für die Armut des Kindes, in dem Gottes Herrlichkeit aufleuchtet. Künstler haben die Krippe in den verschiedensten Formen dargestellt. Im Osten ist es oft eine steinerne Krippe, die wie ein Sarg aussieht. Und das Kind ist gewickelt wie ein Leichnam. Offensichtlich weist hier die Krippe auf das Grab Jesu hin, in dem Jesus von Neuem geboren wurde – in der Auferstehung. Erst dort ist der Tod für immer überwunden. Christi Geburt ist die Ursache, dass wir im Tod zum jenseitigen Leben wiedergeboren werden. Menschwerdung, Passion und Auferstehung gehören zusammen. Wenn Paul Gerhardt dichtet: „Ich steh' an deiner Krippen hier, o Jesus, du mein Leben", dann ist das keine Idylle, aber es ist auch ein Bezugspunkt der Hoffnung des Beters, wenn er in einer weiteren Strophe betet: „Ich lag in tiefer Todesnacht,/ du warest meine Sonne." Dietrich Bonhoeffer hat über dieses Lied in der Gefängniszelle Tegel meditiert und am 4. Advent 1943 an seinen Freund Eberhard Bethge geschrieben: „Es ist in jedem Wort ganz außerordentlich gefüllt und schön, ein klein wenig mönchisch-mystisch ist es, aber doch gerade nur so viel, wie es berechtigt ist; es gibt neben dem Wir doch auch ein Ich und Christus, und was das bedeutet, kann gar nicht besser gesagt werden als in diesem Lied."

Sonne, die die Nacht vertreibt

Weihnachten fällt mit der Feier der Wintersonnenwende zusammen. Für die Christen der Antike war das ein Bild dafür, dass Christus, die wahre Sonne, unser Schicksal zum Heil gewendet hat. So wie bis Weihnachten die dunklen Nächte wachsen, so wuchs in der Geschichte die Nacht des Satans. Als aber Christus erschien, wurde der Bann der Finsternis gebrochen. So feiert die Weihnachtsliturgie die Geburt Christi immer wieder unter dem Bild der Sonne. Da heißt es in einer Antiphon: „Aufgehen wird euch der Retter wie die Sonne, wenn er herabsteigt in den Schoß der Jungfrau." In dieser Antiphon spiegelt sich die Sehnsucht der Antike wider, die das Paradox von Aufgehen und Untergehen, von Niedersteigen und Aufsteigen der Sonne als Bild für das eigene Leben gesehen hat. In Christus steigt die Sonne in unsere Nacht, um für immer aufzugehen und uns zu erleuchten.

Paul Gerhardt, der das Bild der Sonne auf die Geburt Christi bezogen hat, versteht das Geschehen von Weihnachten als persönliches Erlebnis von Verwandlung: „Ich lag in tiefster Todesnacht, du warest meine Sonne, die

Sonne, die mir zugebracht Licht, Leben, Freud und Wonne. O Sonne, die das werte Licht des Glaubens in mir zugericht, wie schön sind deine Strahlen." Die Sonne vertreibt die Nacht, die depressiven Stimmungen werden durch Weihnachten verwandelt in Licht, Leben, Freud und Wonne. Indem wir dieses Lied singen, wächst in uns die Hoffnung, dass es auch in uns so geschieht, wie wir es besingen. Im Singen strahlt die Sonne auch in unser Herz, damit in uns Weihnachten wird.

Mitten im kalten Winter

Eines der ältesten deutschen Weihnachtslieder beginnt mit einem Rätsel: „Es ist ein Ros entsprungen aus einer Wurzel zart." Von dieser Rose – oder besser, vom Rosenstock – geht eine Blume aus: „Und hat ein Blümlein bracht mitten im kalten Winter wohl zu der halben Nacht." In der zweiten Strophe wird uns das Rätsel erklärt: Maria ist der Rosenstock. Sie hat uns in dem Kind Jesus das „Blümlein" gebracht, das so süß duftet und mit seinem hellen Schein unsere Finsternis vertreibt. Wie manchmal mitten im Schnee eine Blume blüht, so hat Gott in der Geburt Jesu die Kälte unserer Herzen gebrochen und uns mit seiner Liebe erwärmt. Die Geburt Jesu taut unsere vereisten Gefühle auf. Sie verbreitet einen süßen Duft des Wohlwollens in der Gefühllosigkeit unserer Zeit. Sie verwandelt unsere Welt wie eine kleine, sehr zarte und doch wunderbare Blume, die wir gerade im Winter unserer Seele und in der Nacht unseres Herzens bestaunen.

Ein Weihnachtssegen

Der barmherzige und gute Gott,
der in dem Kind in der Krippe
ein menschliches Antlitz angenommen hat,
segne dich.

Er erfülle dein Herz mit Freude über
die Geburt des Kindes,
die auch dir verheißt, dass alles gut
wird mit dir und in dir.

Er schenke dir die zärtliche Liebe des Kindes,
damit du alles, was in dir ist,
liebevoll annehmen kannst, und damit du
deine Familie und deine Freunde und Freundinnen
mit den Augen der Liebe anschauen kannst.

Das milde Licht der weihnachtlichen Kerzen
erleuchte dir dein Haus und
vertreibe daraus alles Harte und Verurteilende.

Der Friede, den die Engel an Weihnachten
verkündeten, möge sich auch
über dein Haus legen und alle, die in
diesem Hause sind, miteinander verbinden.

Der Engel der Zuversicht begleite dich
auf all deinen Wegen und stärke
dich bei allem, was du in die Hand nimmst.

Sei gesegnet und behütet, sei getrost
und voller Hoffnung.
Die segnende Hand Gottes sei immer
über dir und schütze dich.
Sie gebe dir die Gewissheit, dass dein Leben
gelingt, dass Gott alles Vergangene,
was dich belastet, von dir nimmt und dir
einen neuen Anfang schenkt.

So segne dich der Vater, der dich schützt,
der Sohn, der dich auf deinen Wegen begleitet,
und der Heilige Geist,
der dich mit Liebe erfüllt.

Amen.

Ein neues Jahr

Wir dürfen den alten Traum von einem erfüllten Leben aufs Neue träumen. Wir dürfen noch einmal von Neuem beginnen. Die Vergangenheit kann uns nicht mehr davon abhalten, dass Gott alles in uns verwandelt und erneuert.

Wir sehnen uns nach der Weisheit Gottes,
die uns erleuchtet, die unser Leben erhellt,
die Licht bringt in unsere Dunkelheit, Sinn in unsere
Sinnlosigkeit, Orientierung in unsere
Orientierungslosigkeit, Wissen in unsere Unwissenheit,
Erkenntnis in unsere Unkenntnis.

Die Weihnachtszeit mahnt uns, aufzustehen
und wach in den Tag hinein zu gehen.
Wir sollen unsere Augen für
das Licht öffnen, das uns vergöttlicht.
Es ist nicht nur das Licht, das von Gott kommt,
sondern das Licht, das uns mit
göttlichem Leben erfüllt.

Evangelium

Als nun Jesus geboren war, zu Betlehem im Land Juda in den Tagen des Königs Herodes, da kamen Magier aus dem Osten nach Jerusalem und fragten: Wo ist der neugeborene König der Juden? Wir haben seinen Stern aufgehen sehen und sind gekommen, ihm zu huldigen. Als König Herodes das hörte, erschrak er und ganz Jerusalem mit ihm. Er ließ alle Hohenpriester und Schriftgelehrten des Volkes zusammenkommen und forschte sie aus, wo der Messias geboren werden solle. Sie antworteten ihm: In Betlehem in Judäa. Denn so steht beim Propheten geschrieben: Du, Betlehem im Land Juda, bist keineswegs die geringste unter den führenden Städten Judas; denn aus dir wird ein Herrscher hervorgehen, der mein Volk Israel weiden wird.

Da rief Herodes die Magier heimlich zu sich und horchte sie aus, wann ihnen der Stern erschienen war. Dann schickte er sie nach Betlehem und sagte: Geht und forscht sorgfältig nach dem Kind; und sobald ihr es gefunden habt, lasst es mich wissen, damit auch ich komme und ihm huldige. Nachdem sie den König angehört hatten, brachen sie auf. Und der Stern, den sie hatten aufgehen sehen, zog vor ihnen her, bis er ankam und über dem Ort stehen blieb, wo das Kind war. Als sie den Stern erblickten, hatten sie eine überaus große Freude. Sie traten in das Haus ein und sahen das Kind mit Maria, seiner Mutter, fielen nieder und huldigten ihm. Dann öffneten sie ihre Schätze und brachten ihm Geschenke dar, Gold, Weihrauch und Myrrhe. Und da sie im Traum die Weisung empfingen, nicht zu Herodes zurückzukehren, zogen sie auf einem anderen Weg heim in ihr Land. (Matthäus 2,1-12)

Neujahr – ein neuer Anfang

Wir haben in uns noch das reine und ursprüngliche Bild, das Gott sich in uns ausgedacht hat. Wir sind noch frei, die Zukunft selbst zu gestalten. Unser Leben liegt noch vor uns. Die Wege sind noch nicht abgeschritten. Ein neues Jahr ist wie eine Landschaft, die im Neuschnee liegt. Wir sind frei, unsere ureigenste Spur einzugraben.

Wenn wir das Geheimnis der weihnachtlichen Zeit für unser alltägliches Leben meditieren und im Nachklang auf die Botschaft dieses Festes hören, dann werden wir immer eine Botschaft der Ermutigung vernehmen: Trau dem göttlichen Kind in dir, auch wenn es so klein erscheint. Trau den inneren Stimmen, die dir sagen, dass du wertvoll und einmalig bist, dass du dich nicht damit zufrieden geben sollst, dich nur abzusichern und dich einzurichten. In dir will immer wieder Neues aufbrechen. Die Ahnungen deiner Träume, die leisen Impulse, die in deinem Herzen in der Stille auftauchen, weisen dir den Weg deiner Menschwerdung. Du wirst nicht Mensch, wenn du mit deinem Ego alles kontrollieren willst, sondern nur dann, wenn du dem göttlichen Kind in dir Raum gibst, wenn du immer wieder dem Neuen, das Gott in dir wirken möchte, einen schützenden Raum schenkst. Auch in dir wird der Messias geboren, der dich zu einem freien Menschen macht, zu einem königlichen

Menschen, zum wahren Selbst, zum einmaligen und einzigartigen Bild, dem Gott gerade in dir sichtbaren Ausdruck verleihen möchte.

Es geht eine Faszination und ein eigener Glanz aus vom Neuen, Unverfälschten, Unberührten. Einen neuen Anfang setzen, das heißt, dass das Neue im Inneren schon da ist. In uns ist der Geist Gottes, der uns in jedem Augenblick erneuert und Neues in uns bewirkt. Wenn ich in der Stille in mich hineinhorche, dann ahne ich, was da an neuen Möglichkeiten in mir aufbricht. Es tauchen neue Ideen auf, die Ahnung, Neues zu wagen, neue Verhaltensweisen einzuüben. Ich muss nicht alles neu machen, ich soll vielmehr dem Neuen trauen, das schon in mir ist. Es braucht Achtsamkeit, damit das Neue, das Gott in jedem Augenblick in mir wirkt, auch wachsen und Gestalt annehmen kann. Die zweite Bedeutung des neuen Anfangs wird sichtbar, wenn wir die Wörter „anfangen" und „beginnen" genauer anschauen. „Anfangen" kommt von „anpacken, anfassen, in die Hand nehmen".

Die Botschaft von Weihnachten war: Wenn du neu anfangen willst, musst du dein Leben selbst in die Hand nehmen. Statt zu jammern, dass du festgelegt bist durch deine Erziehung, durch deine Veranlagung, durch dein Schicksal, musst du die Verantwortung für dein Leben übernehmen und es in die Hand nehmen. Du kannst in jedem Augenblick neu anfangen. Du musst nur dein Leben, so wie es ist, annehmen, anfassen und formen. Das Wort „beginnen" bedeutet ursprünglich „urbar machen". Beginnen ist mühsam. Da erscheint dein Leben wie ein Land voller Disteln und Steine, von Gehölz und Unkraut übersät, chaotisch, unfreundlich. Wenn du es urbar machen willst, musst du dir erst einmal ein Feld abstecken.

Das neue Jahr kann vom Geheimnis der Weihnacht her ein neues Licht auf dein Leben werfen: Du kannst nicht das ganze Land deines Lebens in einem Jahr urbar machen. Entscheide dich, welches Stück deines Landes du in diesem Jahr urbar machen möchtest. Vielleicht ist es der Bereich deiner Beziehungen oder deiner Arbeit oder deines Lebensstils. Und dann gehe daran, das Verwachsene auszureißen, damit dein Boden Frucht bringen kann, damit Neues darauf wachsen kann. Gott wird einen neuen Samen auf dein Feld legen. Deine Aufgabe ist es, es urbar zu machen, damit der Same aufgeht und Neues, Ungeahntes, Unerwartetes, Wunderbares in dir zur Blüte kommen kann.

Trau den inneren Stimmen, die dir sagen, dass du wertvoll und einmalig bist, dass du dich nicht damit zufrieden geben sollst, dich nur abzusichern und dich einzurichten. In dir will immer wieder Neues aufbrechen. Die Ahnungen deiner Träume, die leisen Impulse, die in deinem Herzen in der Stille auftauchen, weisen dir den Weg deiner Menschwerdung.

Neujahrsgesang

Nun lasst uns gehn und treten
Mit Singen und mit Beten
Zum Herrn, der unserm Leben
Bis hierher Kraft gegeben.

Wir gehen dahin und wandern
Von einem Jahr zum andern;
Wir leben und gedeihen
Vom alten zu dem neuen.

Durch soviel Angst und Plagen,
Durch Zittern und durch Zagen,
Durch Krieg und große Schrecken,
Die alle Welt bedecken.

Sei der Verlassnen Vater,
Der Irrenden Berater,
Der Unversorgten Gabe,
Der Armen Gut und Habe.

Hilf gnädig allen Kranken;
Gib fröhliche Gedanken
Den hochbetrübten Seelen,
Die sich mit Schwermut quälen.

Und endlich, was das meiste,
Füll uns mit deinem Geiste,
Der uns hier herrlich ziere
Und dort zum Himmel führe.

Das alles wollst du geben,
O meines Lebens Leben!
Mir und der Christen Schare
Zum selgen neuen Jahre.

Paul Gerhardt (1607–1676)

In dem (hier etwas gekürzten) Gedicht zum Neuen Jahr bittet Paul Gerhardt zuerst für sich selbst und für den Leser und die Leserin des Gedichtes. Gott möge uns Kraft geben auf unserem Weg, der durch soviel Angst und Plagen hindurchführt. Auch das Neue Jahr wird nicht einfach eine heile Welt für uns sein. Wir werden unsere Wege durch die Wirklichkeit dieser zerrissenen und von Krieg und Schrecken geprägten Welt gehen. Doch Gottes Segen gibt uns die Kraft, in dieser Welt unseren Weg zu finden, der uns zu Gott führt. Er schenkt uns die Fähigkeiten, die wir brauchen, um den nächsten Wegabschnitt gut zu bewältigen.

Im zweiten Teil bittet Paul Gerhardt für andere Menschen, für die Verlassenen, für die, die ihren Weg verloren haben, für die Armen und Unversorgten und für die Kranken und Schwermütigen. Wir beginnen das Neue Jahr nicht allein für uns, sondern in Gemeinschaft mit all den Menschen, deren Not wir kennen. So stellen wir all die Menschen, die mit uns sind, unter den Segen Gottes, damit für sie das Neue Jahr ein „seliges“ Jahr wird: ein Jahr, in dem sie immer wieder Glück und Einverstandensein erfahren dürfen.

Aufhören und Anfangen

Weihnachten hieß: Einen neuen Anfang feiern. Neujahr ist der Oktavtag von Weihnachten. Da sollte durch das Fest alles in uns erneuert worden sein, damit wir das neue Jahr wirklich neu beginnen können. Rituale helfen dabei. Sie schließen eine Tür und öffnen eine Tür. Die Tür des alten Jahres muss erst geschlossen werden, bevor man die Tür zum neuen Jahr öffnen kann.

Für mich selber ist eine wichtige Erfahrung von Zeit mit der Silvesternacht verbunden, seit ich 1979 den ersten Silvesterkurs für Jugendliche gehalten habe. Zwanzig Jahre lang habe ich die Silvesternacht mit Jugendlichen betend und schweigend verbracht. Der Gottesdienst begann um 21:00 Uhr und endete immer zwischen 2:30 und 3:00 Uhr. Er wurde nie langweilig. Die Zeit vor und nach Mitternacht verbrachten wir schweigend in der dunklen Abteikirche. Ich führte immer kurz in dieses Schweigen ein. Ich lud die Jugendlichen ein, schweigend die alte Zeit verrinnen zu lassen, loszulassen, was im vergangenen Jahr war, um dann in der Stille die neue Zeit zu erspüren, die unberührt ist, lauter, rein und offen für Gottes neue Möglichkeiten für mich und für diese Welt. Da spürten die jungen Menschen etwas vom Geheimnis der Zeit, von ihrer Vergänglichkeit, aber auch von der Unberührtheit und Unversehrtheit der neuen Zeit, die uns im jeweiligen Augenblick geschenkt wird. In der Stille der Mitternacht wurde die Zeit greifbar. Da läutete dann die große Glocke das neue Jahr ein. Der tiefe Glockenklang gab dieser noch unschuldigen Zeit des neuen Jahres eine eigene Qualität.

Halten Sie Rückblick an Silvester, allein oder im Kreis Ihrer Familie, Ihrer Freunde. Nehmen Sie Ihren Kalender nochmals zur Hand, um vor Gott anzuschauen, was war, welche Termine Sie wahrgenommen haben, wo Höhepunkte und Tiefpunkte waren. Und versuchen Sie, alles mit Dankbarkeit anzunehmen, das Schwere und das Leichte, das Gute und das Belastende, das Lichte und das Dunkle. Und legen Sie das vergangene Jahr dankbar in Gottes Hände, im Vertrauen, dass alles gut ist, dass Sie sich keine Vorwürfe mehr zu machen brauchen. Und dann bitten Sie Gott um seinen Segen für das Neue Jahr. Viele beginnen das Neue Jahr gleich mit Böllerschüssen. Für mich ist es wichtig, das Neue schweigend zu begrüßen. Im Schweigen spüre ich, wie die alte Zeit verrinnt und wie neue, unberührte Zeit sich darbietet, Zeit, die nicht verbraucht ist, die ganz neue Möglichkeiten in sich birgt, die auch mir Neues zutraut. Bitten Sie Gott, dass das Neue gesegnet wird, damit es nicht wieder in die alten Bahnen rutscht, sondern neu bleibt und neuen Glanz auf Ihr Leben wirft.

Feste im neuen Jahr

1. JANUAR Damit Leben aufblüht

Am 1. Januar feiert die Kirche das Fest der Gottesmutter Maria. Maria ist als Mutter Hüterin des Lebens. Sie mahnt uns zu Beginn des Jahres daran, dass auch wir das Leben in uns und um uns herum hegen und pflegen, dass wir dem Leben einen mütterlichen Raum anbieten, in dem es aufblühen kann. Und Maria als Gottesmutter steht als Bild dafür, dass auch wir letztlich Mutter Gottes sind, dass auch wir in uns ein göttliches Kind haben, für das wir Verantwortung übernehmen sollen. Jeder von uns trägt ein verletztes Kind mit sich. Wir können nicht immer Kind bleiben und jammern, dass wir eine so schwere Kindheit hatten und dass wir uns verlassen fühlen. Wir müssen dieses verletzte und verlassene Kind wie eine Mutter liebevoll in unsere Arme nehmen. Durch das verletzte Kind hindurch werden wir dann das göttliche Kind in uns entdecken, das genau weiß, was für uns richtig ist. Das göttliche Kind bringt uns in Berührung mit dem unverfälschten und unberührten Bild Gottes in uns. Maria erinnert uns daran, dass wir dieses göttliche Kind in uns behutsam betrachten und darüber nachdenken sollen, was es uns sagen und in welche Richtung es uns führen möchte.

6. JANUAR *Epiphanie – Erfüllte Sehnsucht*

Am 6. Januar feiern wir das zweite Hochfest in der Weihnachtszeit, das Fest der Epiphanie, das Fest der Erscheinung des Herrn. Die Herrlichkeit Gottes ist in dem Kind in der Krippe aller Welt erschienen. Matthäus beschreibt, wie die Magier, die Weisen aus dem Orient, sich auf den Weg zur Krippe machen und das Kind dort anbeten. Indem sie vor dem Kind niederfallen, bekennen sie, dass in Jesus die Weisheit von Ost und West, von Nord und Süd versammelt ist. Jesus ist nicht nur der Erlöser, sondern auch der Lehrer der Weisheit. Er fasst in sich alles Wissen zusammen, was die Weisen aller Zeiten bedacht haben. Und die Magier drücken mit ihrer Anbetung aus, dass dieses Kind die Sehnsucht aller Menschen erfüllt, die Sehnsucht nach einem Gott, der erfahrbar wird, der ein menschliches Antlitz hat und uns mit Liebe erfüllt.

Erscheinung des Herrn heißt: Gottes Herrlichkeit erscheint über uns und in uns. Wir können erfahren, dass wir in unserem Leib göttlichen Glanz tragen und in diese Welt ausstrahlen. Das war für die Griechen die frohe Botschaft von Weihnachten. Wir haben nicht nur die Herrlichkeit göttlichen Lebens im Antlitz Jesu gesehen, sondern wir sind hineingenommen in die Menschwerdung Gottes. Unsere Natur ist anders geworden. Sie ist erfüllt worden mit göttlichen Leben, mit göttlicher Kraft und göttlichem Licht. Wir sind nicht mehr nur die sterblichen und hinfälligen, der Krankheit und dem Tode unterworfenen Menschen. Wir haben in uns einen unvergänglichen Keim, das göttliche Leben. Wenn wir in uns hineinschauen, stoßen wir nicht nur auf die Verletzungen unserer Lebensgeschichte, nicht nur auf die eigenen Gedanken und Gefühle, sondern auf dem Grund unserer Seele auf göttliches Leben, auf göttliche Liebe, auf göttliche Klarheit und Schönheit.

Der geistliche Schriftsteller Henri Nouwen erzählt in seinem Buch „Ich hörte auf die Stille", wie ihm der Abt das Wort zur Meditation gab: „Ich bin die Herrlichkeit Gottes." Das sollte er tagelang meditieren. Dann würde er erfahren, wer er in Wirklichkeit ist. Das Fest der Epiphanie also gibt die weihnachtliche Antwort auf die urgriechische Forderung: „Erkenne dich selbst!" Die wahre Antwort ist: Du erkennst dich selbst, wenn du in dir Gott findest und dich in Gott. Du wirst wahrhaft zum Menschen, wenn dein Fleisch, dein ganzes Leben durchscheinend wird für seine Herrlichkeit.

In der Liturgie dieses Festes ist mir der Gesang des Graduale wichtig: „Illuminare Jerusalem = Werde Licht Jerusalem". Im gregorianischen Choral wird das „Illuminare" im 5. Ton gesungen. Das ist der Ton, der den Himmel über unserem Leben öffnet. Das „Illuminare" steigt aus der Tiefe bis zum höchsten Ton, der extra lange ausgehalten wird, damit das Licht Gottes wirklich hineinleuchtet in unsere Herzen. Ich kann dieses Graduale nicht singen, ohne an unseren früheren Kantor, P. Godehard Joppich, zu denken. Für ihn entschied sich an diesem Ton, ob das Fest wirklich stattfand – in unserem Herzen. Ekstase kann man nicht erzwingen. Aber in diesem Ton – so meinte er – müsse man alles geben, da müsse man seine Angst vor hohen Tönen vergessen und sich einfach dem Ton überlassen. Letztlich geht es hier darum, sich dem Licht zu überlassen, das eindringen möchte in unsere Herzen.

Dreikönigsfest

Im Volksmund wird das Fest Epiphanie „Dreikönigsfest“ genannt. Im Matthäusevangelium sind es ja nicht die Hirten, die das Kind anbeten, sondern die Magier, die Sterndeuter, die Traumdeuter, die Männer aus dem Orient, aus der Ferne, die Vertreter der Heiden. Die Tradition hat in ihnen Könige gesehen. Drei Könige sind es, weil sie für die drei Bereiche des Menschen stehen, für Leib, Seele und Geist, für Verstand, Gefühl und Willen. Königliche Menschen sind es, die sich ihrer Würde bewusst sind. Und dennoch fallen sie nieder vor dem göttlichen Kind, weil sie in ihm etwas erkennen, was ihnen fehlt. In diesem Kind strahlt Gott selbst auf. Und wenn Gott in einem Menschen aufleuchtet, dann wird der Mensch zu dem, der er eigentlich sein soll, zu dem unverfälschten und einmaligen Bild Gottes, zu dem einzig-artigen Ausdruck Gottes in der Welt. Der wahre König ist der, in dem Gott herrscht. Wenn Gott in uns herrscht, dann sind wir frei von der Herrschaft unserer Launen und Leidenschaften, dann hat kein Mensch Macht über uns, dann sind wir von niemandem abhängig, dann sind wir wahrhaft königliche Menschen.

Die Magier finden das Kind und fallen vor ihm nieder, um es anzubeten. Und sie breiten ihre Schätze aus: Gold, Weihrauch und Myrrhe. In ihren Gaben wird deutlich, wer das Kind Mariens ist. Es ist ein Königssohn. Ihm gilt das Gold. Gold weist auf den Glanz hin, der den König umgibt. Gott selbst ist in diesem Kind Mensch geworden. Dem Gottessohn gilt der Weihrauch, der aufsteigt zum Himmel und den Himmel öffnet über unserem Leben. Und dieses Kind ist der Heiland. Es wird die Menschen heilen, vor allem von der Wunde, die sie am meisten bedrückt, von der Wunde des Todes. Dafür steht die Myrrhe, das Heilmittel aus dem Paradies, das alle unsere Wunden zu heilen vermag.

Die drei Gaben der Magier zeigen auch, wer wir eigentlich sind, welchen Traum Gott von uns geträumt hat. Wir sind königliche Menschen, Königssöhne und Königstöchter. König ist, der, der selber lebt, anstatt von außen gelebt zu werden, der selbst herrscht, anstatt von andern beherrscht zu werden. König ist der ganze Mensch, der zu sich und in sich steht. Und wir sind durch die Menschwerdung Gottes in Jesus Christus selbst zu göttlichen Menschen geworden. Gott hat unsere sterbliche Natur verwandelt. In unserer Tiefe sind wir eins mit ihm. Darin besteht unser wahres Wesen. Weil Gott uns in der Geburt seines Sohnes vergöttlicht hat, brauchen wir uns nicht wie Götter zu gebärden, die sich über die Menschen stellen. Wir haben es nicht mehr nötig, irgendwelchen Götzen nachzulaufen. Das göttliche Leben ist in uns. Tief in unserer Seele sind wir schon am Ziel. Da steigt der Weihrauch unserer Sehnsucht auf zum Himmel, in dem wir wahrhaft zuhause sind. Und auch unsere Berufung besteht darin, Wunden zu heilen. Wir können verletzte Menschen nicht aus eigener Kraft heilen. Aber Gott hat uns Christi heilenden Geist geschenkt, damit wir seinen Auftrag zu erfüllen vermögen: „Heilt Kranke, erweckt

Tote, macht Aussätzige rein, treibt Dämonen aus!" (Matthäus 10,8)

Das Ritual der Häusersegnung

Am Dreikönigsfest meiner Kindheit brachten wir das Weihrauchfass aus der Kirche mit nach Hause. Mein Vater zeichnete mit Kreide die Worte an die Haustür: C + M + B und dazu die Jahreszahl. Wir dachten als Kinder, dass diese drei Buchstaben die drei Könige bezeichneten: Caspar, Melchior und Balthasar. Doch eigentlich bedeuten sie: „Christus mansionem benedicat = Christus segne das Haus". Und dann zogen wir durch das Haus und ließen reichlich Weihrauch durch die Räume ziehen. Das ganze Haus bekam einen anderen Duft. Dieser alte Brauch hat durchaus eine tiefere Bedeutung. Die Germanen vertrieben an diesem Tag die Dämonen mit Tannenzweigen aus ihren Häusern. Heute sind uns Dämonen eher fremd. Doch es ist auch heute durchaus hilfreich, negative Stimmungen, trübe Geister, die unser Denken und Fühlen und die Beziehungen in der Familie trüben, aus dem Haus zu verbannen. Jesu Geist möge im neuen Jahr dieses Haus durchdringen und prägen. Wir brauchen nicht irgendwelche Dämonen zu vertreiben. Aber im Laufe eines Jahres haben sich in unserem Haus oft auch negative Stimmungen ausgebreitet. Wir haben manches unter den Teppich gekehrt, haben Konflikte nicht geklärt. Verletzende Worte sind gefallen und haben sich in den Räumen festgesetzt. Wir fühlen die Stimmung eines Hauses oft, wenn wir eintreten. Wir spüren, ob eine Stimmung von Klarheit,

Frieden, Liebe und Hoffnung herrscht oder aber eine gereizte, gedrückte und niederdrückende Atmosphäre. Wir spüren das Negative, das sich in den Räumen festgesetzt hat. So ist es auch heute ein guter Brauch, mit dem Weihrauchfass und dem Weihwasser durch die Räume zu gehen und sie mit dem Duft Jesu Christi zu erfüllen. Das Räuchern der Räume war seit jeher ein Mittel, negative Spannungen und Energien aus den Räumen zu vertreiben. Heute wissen wir, dass das nicht nur Einbildung ist, sondern dass etwa der Rauch von Tannenzweigen oder von Salbei oder Weihrauchharzen eine heilende Wirkung hat. Die Häusersegnung damit, dass wir auf die Haustüre die Jahreszahl schreiben und die Buchstaben CMB. Das sieht so aus: 20 + C + M + B +14. Dann geht man durch die einzelnen Räume der Wohnung, mit dem Weihwasser und mit Räucherwerk. Es ist gut, wenn Sie diesen Brauch nicht nur äußerlich vollziehen. Gehen Sie jeden einzelnen Raum durch und halten kurz inne. Was möchten Sie, dass Gott in diesem Raum segne und was er aus diesem Raum vertreibe?Aus dem Schlafzimmer möge er alle Alpträume vertreiben, er möge einen gesegneten Schlaf schenken und gute Träume.

Als ich das Haus einer befreundeten Familie segnete, fragte ich den achtjährigen Sohn, welchen Segen Gottes er für sein Zimmer wünscht. Er antwortete: Gott möge ihm die Angst nehmen, die er oft in der Nacht hat. Es ist die Angst vor wilden Tieren, die ihn im Traum bedrängen. Dieser Junge hat verstanden, was Gottes Segen bedeutet.

Sprechen Sie zuerst ein Gebet für jeden einzelnen Raum. Dann sprengen Sie Weihwasser in den Raum. Gottes erfrischender Geist möge diesen Raum erfüllen. Und

Gott möge alles Trübe reinigen, was sich da eingeschlichen hat. Und Sie räuchern den Raum und erfüllen ihn mit dem Duft Jesu Christi, mit seiner heilenden Liebe. So können Sie alle Räume durchgehen. In Ihrem Wohnzimmer möge Gott seine Liebe ausbreiten, damit die Gespräche gut gelingen und Sie miteinander Geborgenheit erfahren. In der Küche möge Gott alle Speisen segnen, dass sie die Familie stärken und gesund erhalten. Das Arbeitszimmer möge Gott mit seinem Segen erfüllen, damit alles, was Sie in die Hand nehmen, Segen bringe. Das Bad möge Gott mit seiner reinigenden Kraft erfüllen, damit Sie nicht nur Reinigung des Körpers, sondern auch der Seele in diesem Raum erfahren.

Wenn Sie alle Räume Ihrer Wohnung durchgehen, sie mit Weihwasser und Weihrauch und mit persönlichen Gebeten segnen, kann jeder in der Familie für einen bestimmten Raum den Segen sprechen. So werden Sie Ihre Wohnung bewusster erleben. Und Sie haben das Gefühl, in gesegneten Räumen zu wohnen. Gottes Liebe, Gottes Geist, Gottes Kraft umgibt Sie und schenkt Ihrem Haus den Geschmack von Heimat.

Gottes Traum wirklich werden lassen

Der Engel erscheint dem Josef im Traum nicht als Idylle, an der er sich erbauen kann. Er fordert ihn immer wieder zum Handeln auf. Gott schickt uns nicht nur Träume. Er möchte auch, dass wir selbst Hand anlegen, um seinen Traum von uns Wirklichkeit werden zu lassen. Die Geschichte der Menschwerdung, wie sie uns Matthäus erzählt, zeigt uns, dass wir immer wieder aufstehen müssen, um auf unserem Weg der Selbstwerdung weiter zu kommen. Der Engel mutet dem schlafenden Josef zu, dass er sich nochmals auf den Weg macht. In Betlehem ist er schon in der Fremde. Man könnte meinen, er sei froh, nun endlich wieder in seine Heimat nach Nazaret ziehen zu können. Doch der Engel des Herrn erscheint ihm im Traum und fordert ihn auf: „Steh auf, nimm das Kind und seine Mutter, und flieh nach Ägypten und bleib dort, bis ich es dir sage" (Matthäus 2,13). Und Josef steht auf und flieht mit dem Kind und seiner Mutter nach Ägypten. Ägypten galt in Israel als Zufluchtsort für Verfolgte. Jesus ist schon als Kind ein Verfolgter, der in die Fremde ziehen muss, der auf die Gastfreundschaft der Menschen angewiesen ist. Ägypten ist aber auch das Land der Zauberei, das Land, das den Kirchenvätern als besonders gottlos erscheint. Jesus – so meinen die Kirchenväter – habe schon in seiner Geburt auch das Heidenland Ägypten geheiligt. Das Fremde und Gottlose wurde von ihm berührt und verwandelt.

In der Fremde kann sich Josef nur auf seine Träume verlassen, in denen der Engel des Herrn immer wieder zu ihm kommt und ihm den Weg weist, den er gehen soll. Er kann sich nicht auf die Priester und Schriftgelehrten verlassen. Er hat keine Heimat in der Synagoge. Aber trotzdem ist er nicht heimatlos und nicht ohne Weisung durch Gott. Gott schickt immer wieder seinen Engel, dass er dem Josef anzeige, was er zu tun hat. Es steckt eine große Weisheit in der Darstellung des Matthäus. Dort, wo wir ungesichert sind, heimatlos, ohne Rückhalt in unserer Familie, dort begleitet uns ein Engel. Mitten in der Ungesichertheit unseres Lebens schenkt uns der Engel Gottes Halt und Klarheit. Er sagt uns im Traum, wie es um uns steht, ob noch Gefahr für uns droht. Wenn Gott in uns geboren wird, wenn wir in Berührung kommen mit dem Neuen, das Gott in uns schafft, fühlen wir uns oft wie in der Fremde. Wir werden nicht verstanden von den Menschen unserer Umgebung. Wir müssen in ein inneres Asyl gehen, bis uns klar wird, wohin unser Weg geht. Wir brauchen die Absonderung, bevor wir wieder zurückkehren können in die Gemeinschaft derer, die uns vertraut sind. Aber es braucht Zeit, bis wir so erstarkt sind wie das Kind Jesus, um ohne Angst vor Verfolgung in Nazaret in Galiläa wohnen zu können. Galiläa gilt als das Land der Heiden, als das Land, in dem Juden und Heiden vermischt miteinander wohnen. Es ist Bild für unser Leben, in dem Menschliches sich mit Göttlichem mischt, Frommes mit Gottlosem, die Tretmühle des Alltags mit der Festtagsfreude. Dort, mitten in -unserem Alltag soll das göttliche Kind in uns heranwachsen, dort sollen wir authentisch leben, ohne von Herodes bedroht zu werden, ohne von den Stimmen des eigenen Über-Ichs in eine Richtung gedrängt zu werden, die unserem wahren Selbst widerspricht.

Ende der Weihnachtszeit

Die Weihnachtszeit schließt nach der neuen liturgischen Ordnung mit dem Fest der Taufe Jesu. Es wird am Sonntag nach dem 6. Januar gefeiert. Dieses Fest deutet das Geheimnis Jesu. Jesus wird hier vor aller Öffentlichkeit von Gott als Sohn Gottes bestätigt. Der Heilige Geist kommt auf ihn herab. Und Gott proklamiert ihn als seinen geliebten Sohn. Das Paradox dieser kurzen Episode, die uns in diesem Jahr nach Markus vorgelesen wird, besteht darin, dass Jesus im Wasser des Jordan steht. Er ist also hinabgestiegen in die Tiefen unseres Menschseins. Und im Wasser stehend ist er solidarisch mit all den Sündern, die sich im Jordan von Johannes taufen lassen. Gerade mitten unter den Sündern stehend, eingetaucht in das Wasser und damit in die Elemente der Erde, hört Jesus vom Himmel her das Wort der Bestätigung, dass er Gottes geliebter Sohn ist. Gott selbst – so haben es die Künstler dargestellt – ist in Jesus hinabgestiegen zu den Menschen, die sich von Gott abgewandt hatten. In der Taufe Jesu hat Gott die Elemente dieser Welt geheiligt. Gott ist zu den Sündern hinabgestiegen, um ihnen in Jesus zuzurufen, dass auch für sie das Reich Gottes nahe ist. Dieser Jesus, der in der Taufe solidarisch geworden ist mit all denen, die herausgefallen sind aus der Ordnung, wird diese Menschen, die sich selbst aufgegeben haben, um sich sammeln und ihre Herzen wieder Gott zuwenden.

Wir feiern dieses Fest, um uns an das Geheimnis unserer eigenen Taufe zu erinnern. Die drei Bilder, mit denen Markus das Geheimnis der Taufe beschreibt, gelten auch für unsere Taufe. In unserer Taufe öffnet sich über uns der Himmel. Der Heilige Geist kommt auf uns herab. Er wird im Wasser über uns ausgegossen, damit die Quelle des Heiligen Geistes immer in uns strömt und wir niemals vertrocknen. Im Wasser reinigt uns der Heilige Geist von allen Trübungen, die das ursprüngliche Bild in uns verdunkeln. Er reinigt uns von den Bildern, die die Eltern, die Freunde, die Gesellschaft und die wir uns selbst übergestülpt haben. Wir müssen nicht mehr diesen Bildern entsprechen. Wir kommen in der Taufe in Berührung mit dem ursprünglichen Bild, das Gott sich von uns gemacht hat. Und wir hören in der Taufe das Wort, das Gott über uns spricht: „Du bist mein geliebter Sohn, du bist meine geliebte Tochter, an dir habe ich mein Gefallen." In der Taufe haben wir Gottes bedingungslose Liebe zu uns erfahren. Wir sind von Gott geliebt, weil wir so sind, wie wir sind, unabhängig von dem, was wir leisten, was wir aus uns machen.

Die Kirche hat das Geheimnis, das Markus uns in der Taufe Jesu vor Augen führt, in vielen Ritualen weiter entfaltet. Da werden wir mit Chrisam zum König und zur Königin, zum Priester und zur Priesterin, zum Propheten und zur Prophetin gesalbt. Wir entdecken in Gott unsere wahre Würde. Als Könige und Königinnen leben wir selber, anstatt von andern beherrscht zu werden. Wir sind als Priester und Priesterinnen Hüter des Heiligen in dieser Welt. Wir schützen das Heilige in uns, über das die Welt keine Macht hat. Und wir treten für das Heilige ein, das in jedem Menschen ist. Wir erinnern die Menschen an das Heilige, das sie heil und ganz macht. Und als Propheten drücken wir einen Aspekt von Gott in dieser Welt aus, den nur wir allein ausdrücken können. Wir bekommen in der Taufe ein weißes Gewand, als Bild dafür, dass wir Christus angezogen haben, mit ihm gleichsam zusammen wachsen. Uns wird eine Kerze gereicht, in der Hoffnung, dass durch uns Gottes Licht in dieser Welt aufleuchtet. Und uns werden im Effata-Ritus unsere Sinne geöffnet, Mund und Ohr, damit wir Worte sprechen, die Leben wecken, damit wir in allem, was wir hören, Gottes Stimme heraus hören. Die Augen werden uns geöffnet, damit wir das Schöne und Gute in dieser Welt und in den Menschen sehen und dass wir den Mut finden, unsere eigene Wahrheit anzuschauen. Manche setzen die Öffnung der Sinne fort, indem sie die Hände des Kindes segnen, damit es das Leben selbst in die Hand nimmt und dass von diesen Händen Segen ausgeht. Und sie segnen die Füße, dass es festen Grund findet, auf dem es stehen kann, und die richtigen Schritte zum Leben tut.

2. FEBRUAR Unser göttlicher Kern

Am vierzigsten Tag nach Weihnachten feiert die Kirche das Fest der Darstellung des Herrn oder Mariä Lichtmess. Lichtmess galt in der katholischen Kirche bis zur Liturgiereform des Zweiten Vatikanums als Ende der Weihnachtszeit. Noch heute bleiben in vielen katholischen Kirchen und Häusern Krippe und Weihnachtsbaum bis zum 2. Februar stehen.

Seit der Liturgiereform nennt man das Fest am 2. Februar die Darstellung des Herrn (Lk 2,22-40). Der Evangelist Lukas der davon erzählt, liebt die Begegnungen. Die Geburtsgeschichte Jesu ist voll von Begegnungen.

Da begegnet der Engel dem Zacharias und Maria. Da begegnen die beiden schwangeren Frauen Maria und Elisabeth. Da begegnen die Hirten dem neugeborenen Kind und ihren Eltern. Und am Abschluss der Geburtsgeschichte begegnen Maria und Joseph mit dem Kind, das sie in den Tempel bringen, dem greisen Simeon und der Prophetin Hanna. In solchen Begegnungen wird das Geheimnis Gottes für den Menschen erfahrbar.

Dass ein Greis vor seinem Tod noch etwas Besonderes erlebt, ist ein beliebtes Motiv bei Juden und Griechen. Simeon heißt: Erhörung. Er ist ein wartender Mensch. Er wartet auf die „Tröstung Israels". In diesem Kind, das Maria und Joseph als ihren Erstgeborenen dem Herrn weihen, sieht er seine Erwartung erfüllt. In diesem Kind tröstet Gott sein Volk. Simeon stimmt ein Lied an, das die Kirche uns jeden Abend in den Mund legt: „Nun lässt du, Herr, deinen Knecht, wie du gesagt hast, in Frieden scheiden. Denn meine Augen haben das Heil gesehen, das du vor allen Völkern bereitet hast, ein Licht, das die Heiden erleuchtet, und Herrlichkeit für dein Volk Israel." (Lk 2,29-32) Simeon ist der Schauende. Er schaut in dem kleinen Kind, das er im Arm hält, das Heil, das Licht und die Herrlichkeit Gottes. Wenn wir unseren Tag mit den Worten des greisen Simeon beenden, dann schauen wir zurück auf das, was Gott an uns getan hat. Und wenn wir mit den Augen des Simeon auf alles schauen, was wir erlebt haben, dann werden wir in den Fakten des vergangenen Tages den heilenden und uns erhellenden Gott erkennen.

Simeon weissagt auch, was dieses Kind tun wird. An ihm werden sich die Geister scheiden. Die einen werden zu Fall kommen, die anderen aufgerichtet. Man kann nicht an diesem Jesus vorübergehen, ohne von ihm berührt zu werden und ohne Stellung zu beziehen. Er „wird ein Zeichen sein, dem widersprochen wird.“ (Lk 2,34) Was Simeon über Jesus sagt, das können wir auch als Widerspruch in seinem eigenen Herzen und in uns selbst verstehen. Wie Simeon sind auch wir hin- und hergerissen zwischen dem Frieden und dem Schwert, zwischen dem Licht und dem Leiden, das uns erwartet, wenn wir uns auf diesen Jesus einlassen. Maria „wird ein Schwert durch die Seele dringen.“ (Lk 2,35) Das Wort Jesu ist wie ein Schwert, das unsere Gedanken scheidet. An Jesus wird offenbar, was in unserem Herzen oft genug versteckt ist. Da wird der ganze innere Schmutz in uns aufgewühlt, damit wir uns aus uns herauswerfen können. Lukas erzählt uns die Begegnung zwischen Simeon und Maria am Tag der Reinigung. Maria sollte sich von ihrer Unreinheit durch ein Opfer befreien. Doch die eigentliche Reinigung geschieht für Lukas nicht durch kultische Rituale. Sie geschieht durch die Begegnung mit Jesus. Da wird offenbar, wie unser Denken oft verunreinigt ist durch die Emotionen, die von außen auf uns einstürmen und sich an unsere Gefühle hängen.

Lukas erzählt als Grieche. In der Spannung zwischen Licht und Leiden, zwischen Frieden und Schwert deutet er an, dass er die Geschichte Jesu wie eine griechische Tragödie schildern wird. Indem wir sie lesen und uns in sie hinein meditieren, soll an uns Reinigung geschehen. Da sollen sich unsere Gedanken und Gefühle klären, damit wir wieder klar sehen können und damit das unverfälschte und lautere Bild in uns zum Vorschein kommt, das Gott sich von uns gemacht hat. Lukas spricht von der Apokalypse unserer inneren Überlegungen. Unsere Grübeleien sollen enthüllt werden. Der Schleier soll weggezogen werden, damit wir mit unserem wahren Selbst in Berührung kommen. Lukas versteht Jesus als den göttlichen Wanderer, der vom Himmel herab kommt, um uns an unseren göttlichen Kern zu erinnern. Aber damit wir mit diesem göttlichen Kern in Berührung kommen, muss all der Unrat gereinigt werden, der sich über unser Innerstes gelegt hat.

Nach Simeon erzählt uns Lukas von der Prophetin Hanna. Der Mann allein repräsentiert nie den Glauben, wie Lukas ihn versteht. Ihm wird eine Frau gegenübergestellt, die einen anderen Aspekt der gläubigen Aufnahme Jesu zum Ausdruck bringt. Lukas beschreibt das Wesen der Hanna, indem er ihre Geschichte erzählt. Hanna hat die drei Stadien des Frauseins durchlebt: als Jungfrau, als Ehefrau und als Witwe. Sie verkörpert alle Aspekte der Frau. Lukas nennt sie Hanna, d.h. die gottbegnadete. Sie ist Tochter Penuel aus dem Stamm Ascher. Penuel heißt „Angesicht Gottes" und Ascher „Glück". Mit diesen drei Namen schildert Lukas das Wesen dieser großen Frau. Sie ist von Gott geliebt und begnadet. Sie schaut das Angesicht Gottes und ist glücklich. Sie ruht in sich selbst und als Beterin auch in Gott. Und sie ist vierundachtzig Jahre alt. Auch das ist vermutlich eine symbolische Zahl. Vier weist hin auf die vier Elemente, auf das Irdische. Acht ist die Zahl der Transzendenz, der Ewigkeit. Fest auf dem Boden dieser Erde stehend, ist Hanna offen für Gott. Sie ist ständig im Tempel, lebt schon in Gott.

Lukas legt der Prophetin Hanna kein eigenes Wort in den Mund. Sie lobt Gott und spricht „über das Kind zu allen, die auf die Erlösung Jerusalems warteten". (Lk 2,38) Den Wartenden verheißt sie die Erfüllung ihres Wartens. In diesem Kind geschieht Erlösung, Lösung von allen Fesseln, Befreiung von fremden Mächten, die uns im Griff haben, und Vergebung der Schuld, die uns niederdrückt.

Für mich gehört es zur persönlichen Gestaltung des 2. Februars, die Kantate „Ich habe genug" von J.S. Bach zu hören. Ich stelle auf meinen Schreibtisch eine Karte aus der romanischen Kirche von Moissac, die den Simeon darstellt, wie er zärtlich das Kind in seinen Händen hält. Im Hören und im Schauen meditiere ich mich in die Begegnung hinein, damit sich das Heil und das Licht, das in Jesus aufgeleuchtet ist, immer tiefer in mich einsenken. Da geschieht dann wahre Reinigung. Traurigkeit und Enttäuschung, Ärger und Angst lösen sich und ich komme in Berührung mit dem unberührten, unverfälschten Bild Gottes von mir.

Auf und Ab des Lebens

Mit der Freude zieht der Schmerz
Traulich durch die Zeiten,
Schwere Stürme, milde Weste,
Bange Sorgen, frohe Feste
Wandeln sich zur Seiten.

Und wo eine Thräne fällt,
Blüht auch eine Rose.
Schon gemischt, noch eh wirs bitten,
Ist für Thronen und für Hütten
Schmerz und Lust im Loose.

Wars nicht so im alten Jahr?
Wird's im neuen enden?
Sonnen wallen auf und nieder,
Wolken gehen und kommen wieder,
Und kein Wunsch wird's wenden.

Gebe denn, der über uns
Wägt mit rechter Wage,
Jedem Sinn für seine Freuden,
Jedem Muth für seine Leiden,
In die neuen Tage.

Jedem auf des Lebens Pfad
Einen Freund zur Seite,
Ein zufriedenes Gemüthe,
Und zu stiller Herzensgüte
Hoffnung ins Geleite.

Johann Peter Hebel (1760–1826),
Neujahrslied

Der evangelische Pfarrer und Dichter Johann Peter Hebel beschreibt in seinem Neujahrsgedicht das Auf und Ab des Lebens. Auch das Neue Jahr wird dieses Auf und Ab mit sich bringen. Es wäre eine Illusion, zu meinen, im Neuen Jahr würde alles gut sein und unsere Wünsche würden alle erfüllt. Dennoch ist dies kein Grund zur Resignation. Hebels Wunsch ist: Gott möge uns den Sinn für die Freuden geben, die das Jahr mit sich bringen wird, aber auch den Mut für die Leiden, die uns treffen. Und er möge uns einen Freund schenken, innere Zufriedenheit, Herzensgüte und Hoffnung. Das sind realistische Wünsche für das Neue Jahr. Entscheidend ist die Hoffnung. Hoffnung ist etwas anderes als Erwartung. Ich hoffe immer für eine Person, für Dich und für mich. Ich hoffe, dass Gott in Dir und in mir das zur Entfaltung bringt, was er in uns angelegt hat. Und ich hoffe für die Menschen, mit denen ich lebe, dass ihr Leben – gemeinsam mit meinem eigenen – von Gott gesegnet ist und zum Segen wird.

Zum Ausklang: Die weihnachtliche Zeit im Kloster

Im Vorwort zu diesem Buch habe ich über die Vorfreude auf Weihnachten erzählt, die meine Kindheit geprägt hat. Als Cellerar unseres Klosters musste ich im letzten Monat des alten Jahres meist noch manches zu Ende bringen. Aber ich habe mir bei aller Belastung diese Freude an der Adventszeit nicht nehmen lassen. Das war jedes Jahr eine heilsame Zeit. Ich nehme mir noch heute in diesen Tagen Zeit zum Meditieren: Was bedeutet das Kommen Jesu heute für mich? Wie möchte es mich verändern? Wie wird aus seinem Kommen meine ganz persönliche Wahrheit? Dass ich mich immer wieder dieser Frage stelle, dazu brauche ich die Adventszeit.

Wir beginnen im Kloster den Advent immer mit einer langen Vigil am Vorabend des 1. Adventssonntags. In der Adventszeit schweigt die Orgel. Das Choralamt singen wir also ohne Begleitung durch ein Instrument. Bei den anderen Gottesdiensten verzichtet der Organist auf ein Vorspiel und wir ziehen schweigend ein. Bei der Eucharistie tragen wir in dieser Zeit die violetten Gewänder. All diese Elemente führen dazu, dass der Advent nicht einfach an uns vorübergeht, wie es viele Menschen immer wieder beklagen. Die ganze Zeit ist geprägt von Warten und Schweigen. Die wunderbaren Texte des Propheten Jesaja und die sehnsuchtsvollen Gesänge der Vorweihnachtszeit berühren das Herz. Beim Abendessen am Samstag sind im Speisesaal alle Lichter gelöscht. Der

Kantor stimmt das „Rorate coeli = Tauet Himmel“ an. Während wir den Gesang wiederholen, wird die Kerze am Adventskranz angezündet.

Die Adventszeit begehen wir Mönche im Kloster ganz bewusst als Zeit des Wartens. Wer nicht mehr warten kann, vermag auch das Geheimnis der Zeit nicht zu verstehen. Zeit ist immer Verheißung des Ewigen. In der Adventszeit warten wir auf das Kommen des Herrn, der in jedem Augenblick an die Türe unseres Herzens klopfen kann, damit wir ihm aufmachen. Advent ist für mich also keine Zeit der Hektik, sondern eine Zeit, in der ich mich bewusst auf die Texte und Gesänge der Liturgie einlasse. Zu meinem persönlichen Ritual gehört es, dass ich an jedem Adventssonntag eine andere Kantate höre. Am ersten Sonntag ist es „Nun komm der Heiden Heiland“, am zweiten „Bereitet die Wege“, am dritten Sonntag „Wachet auf“ – alle drei von Johann Sebastian Bach – und am vierten Adventssonntag höre ich den Adventsteil aus dem Messias von Händel. So liegt in diesen vier Wochen eine innere Spannung, die mich mehr und mehr für das Geheimnis von Weihnachten öffnet.

In den letzten sieben Tagen vor Weihnachten singen wir Mönche im Abendgottesdienst die altehrwürdigen »O-Antiphonen«. Diese Verse haben eine eigene Melodie, die ganz langsam und feierlich gesungen wird. Am 21. Dezember lautet der Vers: „O Morgenstern, Glanz des unversehrten Lichtes, der Gerechtigkeit strahlende Sonne: Komm und erleuchte, die da sitzen in Finsternis und im Schatten des Todes.“

Den Heiligen Abend beginnen wir im Kloster morgens mit der Vigilmesse, in der wir das wunderbare Offertorium singen: „Tollite portas“ (Erhebt euch, ihr uralten Pforten). Und immer wieder heißt es: „Heute sollt ihr wissen, dass der Herr kommt. Und morgen werdet ihr schauen seine Herrlichkeit.“ Am Nachmittag ist dann die feierliche erste Vesper von Weihnachten. Dann gestalten wir im Konvent eine kleine Weihnachtsfeier, in der der Abt eine Ansprache hält und für uns das Geheimnis von Weihnachten deutet. Dann habe ich drei Stunden Zeit, um mich in aller Stille auf die nächtliche Vigil vorzubereiten. Diese drei Stunden sind für mich wichtig. Ich zünde die Kerzen auf meinem Schreibtisch an und stelle alle Weihnachtsbilder auf, die mir im Laufe meines Lebens wichtig geworden sind. Dann höre ich einen Teil des Weihnachtsoratoriums und schaue schweigend auf die Bilder, bete für die Menschen, die mir am Herzen liegen, und frage mich immer wieder: Was heißt es wirklich: Gott ist Mensch geworden, Gott wird in mir geboren? Auch wenn ich schon oft darüber gepredigt habe, so muss ich jedes Jahr neu um eine Antwort ringen, die meiner aktuellen Situation entspricht. Um 2:00 Uhr nachts endet die Weihnachtsvigil und der mitternächtliche Gottesdienst.

An Weihnachten gönne ich mir, nur zu lesen, spazieren zu gehen, meine Geschwister anzurufen und die Zeit zu genießen: einfach da sein, das Geheimnis von Weihnachten erahnen. Das tut mir gut.

Das Neue Jahr beginnen wir immer mit drei Konventstagen, in denen wir uns Zeit nehmen, gemeinsam über unser Leben zu reflektieren und uns zu fragen, wie wir in diesem Jahr als Mönche Antwort geben können auf die Fragen unserer Zeit. Wir ringen darum, den Willen Gottes zu erspüren. Was will Gott von jedem einzelnen von uns und was von unserer Gemeinschaft? Welche Aufgabe haben wir für unsere Welt heute? Was bewegt die Menschen im Tiefsten? Und wie möchten wir als Mönche leben, damit wir ein authentisches Zeugnis ablegen können für die Hoffnung, die uns bestimmt?

Die Weihnachtszeit kennt einen zweiten Höhepunkt: das Fest der Epiphanie. Mich berührt jedes Jahr neu der Text von Karl Rahner, den wir in der Vigil zu diesem Fest hören: „Siehe, die Weisen haben sich aufgemacht. Ihre Füße liefen nach Betlehem, ihr Herz aber pilgerte zu Gott. Sie suchten ihn; aber während sie ihn suchten, führte er sie schon . . . Lasst auch uns auf die abenteuerliche Reise des Herzens zu Gott gehen! Lasst uns aufbrechen und vergessen, was hinter uns liegt! Es ist noch alles Zukunft – weil wir Gott noch finden, noch mehr finden können."

Das Fest der Epiphanie lädt uns ein, den Pilgerweg unserer Sehnsucht auch im neuen Jahr zu gehen. Wenn wir mit der Schola das „Illuminare Jerusalem" (Werde Licht, Jerusalem) singen, dann erahne ich das Licht, das in meinem Herzen aufstrahlen möchte.

Mit dem Fest der Taufe Jesu schließt offiziell die Weihnachtszeit. Dieses Fest schenkt uns die Gewissheit, dass wir Gottes geliebte Söhne und Töchter sind. Der Christbaum bleibt in unserer Kirche stehen bis zum Fest „Darstellung des Herrn" am 2. Februar, bis zu dem früher die Weihnachtszeit ging. Es ist für mich ein weiteres wichtiges Fest. In der Begegnungen der Weihnachtsgeschichte entstehen drei wunderbare Lieder. Lieder, mit denen wir den Tag beginnen („Benedictus"), die Vesper beschließen („Magnificat") und uns schließlich in der Komplet in Gottes Hände fallen lassen („Nunc dimittis"). An diesem Tag, dem 2. Februar, höre ich immer die Bachkantate „Ich habe genug". Im Lied des greisen Simeon geht mir das Geheimnis der Zeit auf: Ich darf in der Zeit immer wieder das Heil schauen, das Gott mir bereitet hat, in der Begegnung mit einem Menschen, in der Stille der Meditation, in einem Wort, das mich berührt. Bei Bach singt der greise Simeon, dass er genug habe, weil er Christus selbst in seinen Armen trug. Er kann die Zeit loslassen. Er wünscht sich den Tod, nicht um vor dem Leben zu fliehen, sondern weil er genug gesehen hat. Diese innere Gelassenheit wünsche ich mir. Ich erahne etwas von der Dankbarkeit, die singen kann: Es ist genug. Jeder Augenblick ist genug. In jedem Augenblick schaue ich Gottes Heil. So kann ich jeden Augenblick auch wieder loslassen. Ich brauche ihn nicht voller Angst festzuhalten.

Feste geben der Zeit ein immer anderes, besonderes Gepräge. Die Feste der Weihnachtszeit sind wie eine Erneuerung der Zeit aus dem Ursprung heraus. Die verbrauchte Zeit bekommt wieder ihre Frische, indem am Fest die heilige Zeit in unsere vergängliche Zeit einbricht. An Weihnachten wird mitten in der Zeit das Ewige erfahrbar. Da ahnen wir, was Zeit eigentlich bedeutet: Sie ist der uns von Gott geschenkte Augenblick.

Schluss

Das Kirchenjahr, das mit der Advents- und Weihnachtszeit beginnt, folgt dem Heilsjahr, das uns der Evangelist Lukas verkündet. Das Lukasevangelium vermittelt den Eindruck, dass alles Entscheidende im Leben Jesu in einem Jahr geschehen ist. Lukas denkt dabei jedoch nicht historisch, sondern symbolisch. Das eine Heilsjahr wird in jedem Kirchenjahr neu gegenwärtig. Deshalb spricht Lukas siebenmal bei den wichtigsten Ereignissen im Leben Jesu vom Heute. Es fängt an mit: „Heute ist euch der Heiland geboren“ (Lk 2,11) und endet mit dem: „Heute noch wirst du mit mir im Paradies sein“ (Lk 23,43). Das, was damals geschehen ist und für die Menschen heilsam war, das geschieht im Laufe des Kirchenjahres an uns. Das Heilende im Geschehen um Jesus soll jedes Jahr neu unsere Geschichte mehr und mehr durchdringen: Die Weltgeschichte, die immer mehr vom Geist Jesu durchdrungen und verwandelt werden soll. Und unsere persönliche Lebensgeschichte, die durch die Geschichte Jesu Heilung erfährt.

Das Kirchenjahr, das mit der Feier der Geburt Jesu beginnt, setzt sich sehr schnell in der Passionszeit fort, in der wir das Leiden und Sterben Jesu und dann in der Osterzeit das Geheimnis seiner Auferstehung feiern. Man könnte meinen, mit Ostern, bzw. Pfingsten als der Vollendung des Ostergeschehens, wäre das Kirchenjahr zu Ende. Doch zwischen Pfingsten und dem ersten Adventssonntag werden wichtige Feste gefeiert, die das Geheimnis der Erlösung durch Jesus Christus in Bildern zum Ausdruck bringen: einmal das Fest Fronleichnam, Herz-

Jesu, Christkönig. Und es werden Marienfeste gefeiert, die ein Bild sind für das, was an uns durch Jesus Christus geschehen ist. Und wir hören jeden Sonntag andere Erzählungen aus dem Leben Jesu: Heilungsgeschichten, Begegnungsgeschichten und seine Gleichnisse und Worte, die unser Leben deuten und erhellen. So wird innerhalb eines Jahres das Geheimnis des menschlichen Lebens im Licht Jesu Christi offenbar.

Das Kirchenjahr übernimmt nicht nur den Rhythmus der Natur mit Winter, Frühling, Sommer und Herbst. Es bringt uns mit dem Rhythmus unserer Seele in Berührung, damit wir jährlich weiter wachsen auf dem inneren Weg der Reifung, Heilung und Verwandlung, bis wir dann im Tod für immer verwandelt werden in das einmalige Bild, das Gott sich von jedem von uns gemacht hat.

Wenn ich das Kirchenjahr nicht nur theologisch und psychologisch anschaue, sondern von meinem persönlichen Erleben her, so darf ich bekennen: Für mich ist das Kirchenjahr schon von seinem inneren Rhythmus her etwas Heilendes. Ich freue mich, wie gesagt, jedes Jahr auf die Adventszeit und Weihnachtszeit. Aber auf andere Weise freue ich mich auch auf die Fastenzeit. Ich weiß, dass auch diese Zeit der inneren Reinigung und der Einübung in die Freiheit mir gut tut. Und ich freue mich auf die Osterzeit mit den hoffnungsvollen Gesängen und zugleich mit der neuen Lebendigkeit, die auch in der Natur zum Ausdruck kommt und das Geheimnis von Tod und Auferstehung Jesu auch sinnenhaft erfahrbar werden lässt. Und ich freue mich auch auf die Feste des Augusts, auf die Marienfeste im September, auf Erntedank im Oktober, auf Allerheiligen und Allerseelen am 1. und 2.

November. Auch wenn es da um den Tod und die Erinnerung an die Verstorbenen geht, so ist auch der November eine heilende Zeit. Nichts wird verdrängt. Das Neblige und Dunkle der Novemberzeit wird spirituell verstanden als Einladung, den Tod ins eigene Leben zu integrieren und so intensiver zu leben. So ist jede Zeit des Kirchenjahres eine gute und heilige und heilende Zeit. Aber am intensivsten erlebe ich dennoch seit Kindertagen an die Advents- und Weihnachtszeit. Da taucht wie in keiner anderen Zeit die Sehnsucht nach dem neuen Anfang, die Sehnsucht nach Heimat und Geborgenheit und die Sehnsucht nach einer Liebe auf, die unser Leben verzaubert und verwandelt.

So wünsche ich Ihnen, liebe Leserin, lieber Leser, dass auch Sie die festlichen Tage der Weihnachtszeit als eine Einkehr auf Ihrem Weg erfahren mögen, damit Sie verwandelt weiter gehen können und die Erfahrung des Lichts mit hineinnehmen können in die Dunkelheiten unseres Alltag.

Anhang

Die biblischen Geschichten

In den Tagen des Herodes, des Königs von Judäa, lebte ein Priester namens Zacharias aus der Priesterklasse des Abija. Seine Frau stammte aus dem Geschlecht Aarons und ihr Name war Elisabet. Beide waren gerecht vor Gott, lebten streng nach allen Geboten und Satzungen des Herrn. Sie hatten kein Kind, weil Elisabet unfruchtbar war, und beide waren schon in vorgerücktem Alter. Eines Tages, als er nach der Ordnung seiner Klasse Priesterdienst vor Gott tat, traf ihn nach dem Brauch der Priesterschaft das Los, in den Tempel des Herrn einzutreten und das Rauchopfer darzubringen. Das ganze Volk aber stand zur Stunde des Rauchopfers draußen und betete. Da erschien ihm ein Engel des Herrn, der zur Rechten des Rauchopferaltars stand. Zacharias erschrak, als er ihn sah, und Furcht überfiel ihn. Doch der Engel sagte zu ihm: Fürchte dich nicht, Zacharias; denn dein Gebet ist erhört worden. Elisabet, deine Frau, wird dir einen Sohn gebären und du sollst ihm den Namen Johannes geben. Er wird dir Freude und Jubel sein und viele werden sich über seine Geburt freuen; denn er wird groß sein vor dem Herrn. Wein und (andere) berauschende Getränke wird er nicht trinken; schon vom Mutterschoß an wird er mit Heiligem Geist erfüllt werden und viele Söhne Israels wird er zum Herrn, ihrem Gott, bekehren. Er wird ihm mit Geist und Kraft des Elija vorangehen und die Herzen der Väter den Kindern zuwenden und Ungehorsame zur Einsicht der Gerechten, um so dem Herrn ein bereites

Volk zu schaffen. Zacharias sagte zu dem Engel: Woran soll ich dies erkennen? Denn ich bin alt und meine Frau ist in vorgerücktem Alter. Der Engel antwortete ihm: Ich bin Gabriel, der vor Gott steht, und ich bin gesandt, zu dir zu reden und dir diese frohe Botschaft zu bringen. Aber, du wirst stumm sein und nicht sprechen können bis zu dem Tag, an dem dies geschehen wird, weil du meinen Worten nicht geglaubt hast, die sich zu ihrer Zeit erfüllen werden. Inzwischen wartete das Volk auf Zacharias; sie wunderten sich, dass er so lange im Heiligtum verweilte. Als er dann heraustrat, konnte er nicht zu ihnen reden. Da erkannten sie, dass er im Heiligtum eine Erscheinung gehabt hatte. Er gab ihnen Zeichen und blieb stumm. Als die Tage seines Dienstes zu Ende waren, kehrte er nach Hause zurück. Bald darauf empfing seine Frau Elisabet und hielt sich fünf Monate verborgen. Sie sagte: So hat der Herr an mir getan zu der Zeit, als er auf mich schaute, um meine Schmach bei den Menschen wegzunehmen. (Lukas 1,5-25)

Mit der Geburt Jesu Christi verhielt es sich so: Als seine Mutter Maria mit Josef verlobt war, fand es sich, noch bevor sie miteinander lebten, dass sie schwanger war aus Heiligem Geist. Da aber Josef, ihr Mann, gerecht war und sie nicht bloßstellen wollte, gedachte er, sie im Stillen zu entlassen. Während er noch darüber nachdachte, erschien ihm ein Engel des Herrn im Traum und sprach zu ihm: Josef, Sohn Davids, scheu dich nicht, Maria, deine Frau, zu dir zu nehmen; denn was sie empfangen hat, ist aus Heiligem Geist. Sie wird einen Sohn gebären, ihm sollst du den Namen Jesus geben; denn er wird sein Volk von seinen Sünden erlösen. Dies alles ist geschehen, damit das Wort des Herrn in Erfüllung geht, das er durch den Propheten gesprochen hat: Seht, die Jungfrau wird schwanger werden und einen Sohn gebären, und man wird ihm den Namen Immanuel geben, das heißt übersetzt: Gott mit uns. Als nun Josef vom Schlaf erwachte, tat er, wie der Engel des Herrn ihm aufgetragen hatte, und nahm seine Frau zu sich. Er erkannte sie aber nicht, bis sie einen Sohn geboren hatte. Und er gab ihm den Namen Jesus. (Matthäus 1,18-25)

Nachdem sie aufgebrochen waren, erschien dem Josef ein Engel des Herrn im Traum und sprach: Steh auf, nimm das Kind und seine Mutter und flieh nach Ägypten und bleib dort, bis ich es dir sage; denn Herodes will nach dem Kind suchen, um es zu töten. Da stand er auf, nahm in der Nacht das Kind und seine Mutter und floh nach Ägypten. Dort blieb er bis zum Tod des Herodes. So sollte das Wort in Erfüllung gehen, das der Herr durch den Propheten gesprochen hatte: Aus Ägypten habe ich meinen Sohn gerufen. Als Herodes sich nun von den Weisen hintergangen sah, geriet er in heftigen Zorn, sandte aus und ließ in Betlehem und der ganzen Umgebung alle Knaben im Alter von zwei Jahren und darunter töten, genau der Zeit entsprechend, nach der er die Magier ausgeforscht hatte. Da erfüllte sich das Wort, das durch den Propheten Jeremia gesprochen worden war: Eine Stimme hörte man in Rama, viel Weinen und Wehklagen: Rahel weinte um ihre Kinder und wollte sich nicht trösten lassen, weil sie nicht mehr sind.

Als Herodes gestorben war, erschien dem Josef in Ägypten ein Engel des Herrn im Traum und sprach: Steh auf, nimm das Kind und seine Mutter und zieh in das Land Israel; denn die dem Kind nach dem Leben getrachtet haben, sind gestorben. Da stand er auf, nahm das Kind und seine Mutter und zog in das Land Israel. Als er aber hörte, dass Archelaus anstelle seines Vaters über Judäa herrschte, fürchtete er sich, dorthin zu gehen. Nachdem er aber im Traum eine Weisung empfangen hatte, zog er in das Gebiet von Galiläa. Er kam in eine Stadt namens Nazaret und nahm dort Wohnung. So sollte sich das Wort der Propheten erfüllen: Er wird Nazoräer genannt werden. (Matthäus 2,13-23)

Verzeichnis der Quellen

Neben den eigens für diesen Band verfassten Beiträgen wurden aus folgenden ursprünglich im Verlag Herder erschienenen Publikationen von Anselm Grün Texte in diesen Band aufgenommen und zum Teil für das „Große Buch der Weihnachtszeit" bearbeitet:

50 HELFER IN DER NOT, Die Heiligen fürs Leben neu entdecken, Herder Spektrum 5288, Freiburg 2002: S. 32–39.

WEIHNACHTSENGEL, Meditationen, Freiburg 2011: S. 14–17; 78–80; 96–98; 150 f.

DAS KLEINE BUCH DER WEIHNACHTSFREUDE, Herausgegeben von Anton Lichtenauer, Herder Spektrum 7045, Freiburg 2005: S. 50 f.; 55; 96-98.; 121–127.

LICHT, DAS DIE NACHT ERHELLT, Der meditative Adventskalender, 2007: S. 29–32; 88 f.

IM ZEITMASS DER MÖNCHE, Vom Umgang mit einem wertvollen Gut, Herder Spektrum 5426, Freiburg 2003: S. 162–166.

50 RITUALE FÜR DAS LEBEN, Freiburg 2008: S. 39–43; 108 f.; 118 f.

EINFACH LEBEN. EIN BRIEF VON ANSELM GRÜN, Herausgegeben von Rudolf Walter, Verlag Herder 2006–2011: S. 20–26; 43–45; 46–48; 56 f.; 62–78; 86–88; 89–93; 94 f.; 101 f.; 106 f.; 114–118; 119 f.; 128 f.; 134–149; 152–158.

BIBEL: Die Bibelzitate folgen der Übersetzung: Die Bibel. Die Heilige Schrift des Alten und Neuen Bundes. Vollständige deutschsprachige Ausgabe © Verlag Herder GmbH, Freiburg im Breisgau 2005.

Kleine Geschenke für Herz und Sinne

Anselm Grün
Das kleine Buch vom wahren Glück
192 Seiten | Herder Taschenbuch | ISBN 978-3-451-07103-4
Anselm Grün spürt tiefmenschlichen Lebenserfahrungen nach, immer auf den Spuren wahren Glücks: Ein Buch für alle Lebenslagen – ganz besonders, wenn der Alltag einmal grau zu werden droht.

Einfach Leben. 365 Tagesimpulse von Anselm Grün
160 Seiten | Gebunden | ISBN 978-3-451-00542-8
Einfach leben – 365 Impulse zum Glück: Einen Gedanken mit in den Tag nehmen, der trägt. Anselm Grüns Worte treffen ins Herz und verwandeln den Alltag. Zuspruch, der in Durststrecken zur Quelle neuer Kraft wird.

Anselm Grün
Jeder Tag ein Weg zum Glück
160 Seiten | Gebunden mit Leseband | ISBN 978-3-451-28660-5
Das Glück wächst in unserem Herzen. Jeden Morgen neu. Nicht irgendwann, sondern heute wartet das Leben – hell und bunt und unbeschwert. Ein kleines Stundenbuch des Glücks. In 24 Kapiteln – besonders schöne Texte von Anselm Grün, in der schmucken Geschenkausgabe mit Leseband.

Anselm Grün
Das kleine Buch der Engel
Wünsche, die von Herzen kommen
192 Seiten | Herder Taschenbuch | ISBN 978-3-451-07034-1
Anselm Grün öffnet die Herzen für eine andere, tiefere Wirklichkeit, die Erfahrung der Engel. Ein Buch, das die Seele zum Klingen bringt, voll spiritueller Energie, belebend und inspirierend.

Perlen der Weisheit: Die schönsten Texte von Anselm Grün
160 Seiten | Herder Taschenbuch | ISBN 978-3-451-07152-2
Die Texte von Anselm Grün vermitteln tiefe Menschenkenntnis und heitere Lebenskunst. Sie zeigen Wege zu einem Glück mit menschlichem Maß.